新知
文库

XINZHI

LA
SAGESSE
DE
L'ARGENT

© Editions Grasset& Fasquelle, 2016
Current Chinese translation rights arranged through Divas International, Paris
巴黎迪法国际版权代理

金钱的智慧

［法］帕斯卡尔·布吕克内 著
张叶 陈雪乔 译　张新木 校

生活·讀書·新知 三联书店

Simplified Chinese Copyright © 2020 by SDX Joint Publishing Company.
All Rights Reserved.
本作品简体中文版权由生活·读书·新知三联书店所有。
未经许可，不得翻印。

图书在版编目（CIP）数据

金钱的智慧／[法] 帕斯卡尔·布吕克内著；张叶，陈雪乔译；
张新木校. —北京：生活·读书·新知三联书店，2020.1 （2022.2 重印）
（新知文库）
ISBN 978-7-108-06728-9

Ⅰ.①金⋯ Ⅱ.①帕⋯ ②张⋯ ③陈⋯ ④张⋯ Ⅲ.①货币－经济伦理学－研究
Ⅳ.① F820-02

中国版本图书馆 CIP 数据核字（2019）第 250195 号

责任编辑	王振峰
装帧设计	陆智昌 薛 宇
责任印制	董 欢
出版发行	生活·讀書·新知 三联书店
	（北京市东城区美术馆东街 22 号 100010）
网 址	www.sdxjpc.com
图 字	01-2018-7172
经 销	新华书店
印 刷	河北松源印刷有限公司
版 次	2020 年 1 月北京第 1 版
	2022 年 2 月北京第 2 次印刷
开 本	635 毫米 × 965 毫米 1/16 印张 16
字 数	170 千字 图 10 幅
印 数	08,001-11,000 册
定 价	38.00 元

（印装查询：01064002715；邮购查询：01084010542）

新知文库

出版说明

在今天三联书店的前身——生活书店、读书出版社和新知书店的出版史上，介绍新知识和新观念的图书曾占有很大比重。熟悉三联的读者也都会记得，20世纪80年代后期，我们曾以"新知文库"的名义，出版过一批译介西方现代人文社会科学知识的图书。今年是生活·读书·新知三联书店恢复独立建制20周年，我们再次推出"新知文库"，正是为了接续这一传统。

近半个世纪以来，无论在自然科学方面，还是在人文社会科学方面，知识都在以前所未有的速度更新。涉及自然环境、社会文化等领域的新发现、新探索和新成果层出不穷，并以同样前所未有的深度和广度影响人类的社会和生活。了解这种知识成果的内容，思考其与我们生活的关系，固然是明了社会变迁趋势的必需，但更为重要的，乃是通过知识演进的背景和过程，领悟和体会隐藏其中的理性精神和科学规律。

"新知文库"拟选编一些介绍人文社会科学和自然科学新知识及其如何被发现和传播的图书，陆续出版。希望读者能在愉悦的阅读中获取新知，开阔视野，启迪思维，激发好奇心和想象力。

生活·读书·新知 三联书店
2006年3月

谨以此文献给我的图西族妻子

目录

Contents

1　引　言

第一部分　拜金者与蔑金者

7　第一章　魔鬼的粪便
33　第二章　《论穷人高尚的尊严》
43　第三章　法国：忌讳金钱
63　第四章　美国：神化货币

第二部分　金牛犊神话三则

81　第五章　金钱是世界的主宰？
109　第六章　富裕会招致不幸？
137　第七章　卑鄙的算计杀死了爱情吗？

第三部分 财富的恩惠

167 第八章 重振既有的价值观念?
195 第九章 富有不是罪过,贫穷亦非美德
215 第十章 索取的手,回报的手

239 结　语　确诊的精神分裂症

没有人会判定贤哲就一定要受穷……我对命运的全部领域都会不屑，如果让我选择的话，我会选择其较好的那部分。

——塞涅卡（Sénèque）[1]

---

[1] Sénèque, *La vie heureuse*, suivie de *Les bienfaits*, Tel-Gallimard, 1996, pp. 51-52. 该译文摘自塞涅卡：《论幸福生活》，覃学岚译，南京：译林出版社，2015年，第156—160页。

引　言

金钱明显是虚伪的，既粗鲁又莽撞，看似明明白白，但又在真真切切中保留了一点神秘。其词意的含混不清显得尤为奇妙：法语中，它还指代长期用于制造货币的金属。说起金钱，若不承认其对立性，就无从谈起：它低贱又高贵，虚幻又现实，切断联系又建立联系。钱多时会引发恐慌，钱少时亦如此。说它好却会作恶，说它坏却能行善。历史学家研究表明，黄金作为货币的历史最早可以追溯到约公元前3000年的乌尔王朝，币面印有生育女神伊师塔和死神的肖像[1]，这一对立有些让人匪夷所思。金钱特别像洋泾浜，虽然不地道，但每个地方的人都能听懂。任何人都可以使用它，无关乎语言或宗教的差异；不管是在

---

[1] Michel Aglietta et André Orléan, *La monnaie: entre violence et confiance*, Odile Jacob, 2002, p.124.

沙漠深处还是在最偏远的小岛，它都可以瞬间入乡随俗。

金钱首先意味着信任。罗马最早的货币与其所有者以及所有者的信誉是紧密相连的。如今，货币不再实行金本位制[1]，其价值由发行国的国情所决定。货币从此被神圣化，因为它们代表了一个民族或是一个确切的社会群体。金钱讲述了一个具有两面性的故事：一面是统治者，仰仗着金钱，凌驾于社会边缘人之上；另一面是被压迫者，凭借着货币的独立，得以摆脱主人的掌控。金钱的自相矛盾就在于：它被定罪时，你又想为它辩护；它被辩护时，你又想起诉它。它内涵丰富，可延伸出各种各样的同义词，如金钱、钱、钞票、银子、票子、款子、银币、硬币，但绝没有一个同义词能真正指代出它的本质。这个问题是所有语言都避开不了的。

金钱不仅仅是结算单位、价值储备，还是反映欲望的晴雨表。作为欲望的度量单位，金钱演变为绝对的欲望，并映射出其他的欲望。人们常常说金钱可以让世界标准化，但恰恰相反，金钱染上了人类的情感。与金钱相关的恶习，如贪婪、欲望、吝啬等，虽先于它存在，但常常被它放大。金钱所引发的憎恶这类激动情绪只是其表面征兆，金钱真正令人着迷的地方在于它不仅逃出了造物主的手心，而且反过来攻击造物主，并使得造物主的子孙后代转身变成了狂怒的暴君。

谈论金钱，常常就是在谈论自己。贫穷带来的伤痛使得我生活节俭。在经历过一段艰苦的少年生活之后，父母曾争取到一时的宽裕，随即又跌入了负债的深渊。他们开始精打细算，忍受着社会地位不再的苦痛。在近乎悲惨的境况中他们被死神带走了。至于我，上学的时候生活贫困，却过得无忧无虑，之后也偶尔富足地生活

---

[1] 金本位制是以黄金作为货币金属进行流通的货币制度。——译注

过,但大部分的时间都在及时行乐。可以肯定的是,我的运气一直不错,另外我确信著作权于我而言并不意味着一份收入,而是一种恩赐。金钱带来了世界上唯一珍贵的宝物——时间,无穷无尽的时间。这一点上,金钱是解放者。一旦缺了钱,生活就沦为永恒的现在,把我们囚禁起来。我常常会区分谋生的手段和生活的意义,这两者时不时会重合,但无论怎样,谋生是无法避开的。

四十岁之前,金钱于我始终无关痛痒,现在每每想来,倒还有些怀念。有钱,再好不过;要是没有,就得想法子摆脱这一困境。这样的洒脱才使我无所谓物质上的阻碍,只求能够探索外面的世界,扩大视野,远离平淡与乏味。幸福的青年时光,无限延伸。此中的分界线不存在于必要与多余之间,而是存在于必要与关键之中。书中的神秘,亚洲和印度之旅,热烈的讨论,对政治的参与,细心经营的友谊,别具一格的体验,各式各样的爱,尤其是依靠激情生活的可能性以及写作,这些才是关键所在。我宁愿相信,金钱之所以会成为困扰,是因为随着年龄的增长,人们逐渐害怕失去,金钱随即成为社会的中心。抒情年代的落幕和"冷战"的终结,加之以撒切尔夫人和里根为主导的保守党派革命,促使西方文化走向清醒,进入时下唯物论者的庆祝时刻。当我们再次面对不同世界观之间的猛烈冲突时,这个交替周期便逐渐变得模糊。

变老意味着时间滑向减法,余额亟待安排。一切都被精心计算,日子屈指可数。时间不如以前那般充裕,这反倒成为一种警示。对我来说,最奢侈的不是漂亮的车子、宽敞的住房或别墅,而是在耄耋之时能够过着学生生活,也就是每日随性地工作,可以在街上闲逛,在咖啡厅里长时间地逗留,可以神情冷漠,蔑视荣誉与报酬,更是不屑于人们佩戴着的用来避邪的小物件。总之,这些都是荒诞的幻想,但不可或缺,我们因此得以在每天清晨开启一段全新的旅程。比起权力的诱惑、工作的束缚，我更偏爱自由。若是我自感优越，那是得益于我自己。我既不是遗产继承人也不是金融才俊，没有富有到视金钱为粪土，也没有贫穷到忘记金钱为何物。

金钱是需要智慧的一种承诺。这句话有两层含义：有钱是一种智慧，对金钱的叩问也是一种智慧。它迫使我们在欲求、能力和必要性之间进行长久的权衡。它让每个人都成为哲学家，尽管这不是它的本意。人们反复思考金钱，学会如何花钱，为自己，也为别人。吝啬鬼也好，浪子也罢，抑或是守财奴、嫉妒心强的人，他们的真性情都只会在决定掏钱与否的时候才会暴露。没有人对金钱无动于衷，自以为憎恶它的人其实心里头往往视之为神灵。装模作样鄙视它的人都是在自我欺骗。对金钱的迷恋惹人非议，却又不能横加指责，这就是困难所在。然而，如果智慧无法抨击象征着疯狂的金钱，那哲学又有何用？

第一部分

拜金者与蔑金者

第一章

魔鬼的粪便[1]

> 一个人不能侍奉两个主。不是恶这个爱那个，就是重这个轻那个。
> 你们不能又侍奉神，又侍奉玛门。[2]
>
> ——《马太福音》6：24—34

钱产生于其发明的恐慌与惊奇中。什么都可以充当它的载体，金属、贝壳、盐（"工资

---

[1] 2015年7月9日，教皇方济各在玻利维亚痛斥"处于主导地位的金钱无节制的欲望"，谴责金钱散发着"魔鬼的粪便"的味道。这一比喻出自凯撒雷(Césarée)的主教巴西勒(Basile)之口。极左派《外交世界报》2015年9月的版面向教皇的这一创举致敬，称之为"拉丁美洲的反资本主义言论"。
[2] "玛门"是"财利"的意思。本书涉及《圣经》的译文均摘自《圣经》，上海：中国基督教三自爱国运动委员会，中国基督教协会，2009年版。——译注

《圣经故事》中摩西气愤地要摔碎手中的法版

[salaire]"一词就由此而来[1])、家畜(形容词"pécuniaire"[金钱的]派生自拉丁语"*pecus*"[牛])。同样地,印地语单词"卢比"(rupee)也源于梵语"牲畜"一词的词根。[2]然而,金钱的这种可塑性又潜藏着诸多危险。三大单神教派共同的物质主义象征——金牛犊的传说就揭露了金钱蛊惑人心的威力。摩西上西奈山领受十诫四十天后,刚逃出埃及的子民便心生怀疑,对其兄弟亚伦要求道:"起来,为我们做神像,可以在我们前面引路。"于是,妻子、儿女耳上的金环全被收集起来融化,铸成了一头牛犊,这些希伯来人在牛犊面前献祭。当摩西下山时,看到百姓围着一头牲畜跳舞,怒不可遏,摔碎了刻有戒律的法版(摘自《出埃及记》32:1—14)。神刚离开,金钱的偶像就如此急不可耐地上前顶替。众人感觉被神抛弃,便创造了一个神的替代品,远离了神。颇为讽刺的是,2008年英国艺术家达米安·赫斯特(Damien Hirst)创作了一座名为"金牛犊"(The Golden Calf)的雕塑,并在拍卖会上以1030万英镑的价格售出。这是一个后现代式背叛的精彩案例:对金牛犊的揭露成为致富敛财的新手段。

贫富联姻

古希腊神话中,财神普路托斯(Ploutos)因曾意图统治世界,被宙斯弄瞎了双眼,只得盲目地分配财富。阿里斯托芬(Aristophane)在同名喜剧中写道,俩路人凑到普路托斯跟前,责怪他只把财富分给"卑鄙狡诈的家伙"。希望普路托斯睁睁眼,为

---

1 法语中的"Salaire"(工资)一词,是sel(盐)的派生词,盐曾作为交易的凭证,以货币的形式在市场流通。——译注
2 Ilana Reiss-Schimmel, *La psychanalyse et l'argent*, Odile Jacob, 1993, p. 29.

包括他俩在内的善良老实人谋福利，并承诺倘若愿望成真，他们一定会安守本分。普路托斯点头应允，因为他也想弄清楚自己失明造成的损害。当俩路人正合计请医生配制药膏时，一位衣衫褴褛、人称"贫穷之神"的女人出现了。人们想要普路托斯重见光明这事让她愤慨不已，毕竟人类所得到的一切好运都是拜她所赐，她才是敦促人类劳作、敬畏神明的那个神。借助一种特制的混合药膏，普路托斯恢复了视力，受到穷人一致的欢呼推选，并把宙斯赶下了神坛。然而这些民众，一夜暴富后便不再从事自己的职业，也不再为他人服务，继而又陷入了贫困。这则喜剧得出的结论让人惊讶不已：倘若所有人都沉浸在富足中，那他们很快就会厌倦生活的种种享乐，只有匮乏才会一直激励人类劳作并让他们怀揣希望。[1]

柏拉图（Platon）是第一个金钱的清教徒：在他的理想国里，商业被丢弃给了非公民，即侨民、外国人经营，因为这个行业会腐蚀人的灵魂。他希望在商人和其他民众之间拉上一道防疫封锁线，以免民众沾染上"狡诈多端的习气"。总之，把货币引进城区大概是"最大的灾难"了，它会让这个城市"自我怀疑并自我排斥"[2]。在《智者篇》（Le sophise）和《泰阿泰德篇》（Théétète）里，他谴责那些智者[3]一边出言反对酬金，一边又掂量着自己一词一句的金钱价值。这群卑劣的商人，"这群受雇于人，猎取富贵公子的猎手"，发起了一次又一次的辩论。在苏格拉底看来，贤人志士本就应该不计报酬地宣传布道。智者却糟践了真理，把自己的才华售卖

---

[1] François Rachline, *D'où vient l'argent?*, Panama, 2006, pp. 71-74.该书介绍了这部喜剧的故事梗概。

[2] Platon, Lois, 919 b-c, 引自 Marcel Hénaff, *Le prix de la vérité*, Seuil, 2002, pp. 88-89。

[3] 公元前5世纪左右，在古希腊有一批传授知识、教人论辩和演说技巧的职业教师，被称为"智者"。——译注

给出价最高的买主,成为"兜售思想的大商人"。

吊诡的是,在如今的法国,某些媒体还借以同样的理由谴责知识分子,控诉他们通过专门的代办机构给自己的讲座明码标价,认为他们本该反过来连版权都一并拒绝,在高尚的天空下凭靠"精神价值"[1]维持生计。这同样也是欧洲委员会的理由,它受美国跨国公司的影响,力求撤销作家的版权,因为后者已然成为数字时代下的"反动派"。作品本就应该供所有人免费阅读,当然前提是要付钱给供应商。[2]如此一来,智力创作只得向那些肆意剽窃文学和艺术内容的情报行业(如谷歌、苹果、亚马逊等)低头。总而言之,就是退回到私人企业集团还未代替旧君主制、接受资助的时代。人们借用博马舍(Beaumarchais)的一句话对此反驳道:"要想创作,得先填饱肚子再说。"若想赚大钱,首先就不要从事一切有关思考和写作的职业:这些职业尤其养不活那些一边从事本行业工作,一边又促进文化无产阶级化的人,这种文化无产阶级化的命运一点也不惹人羡慕(尽管文学事业并不是没有额外的报酬)。智者的功劳就在于,他们或已开始使用版权,把演讲和写作作为一种自由思考的方式来获取酬金。"如今的作者已无异于工人,都是通过劳作来维持生计,"1880年,埃米尔·左拉(Emile Zola)如是说,并补充道,"金钱解放了作家,金钱同时也创造了现代文学。"[3]

在早期大经济学家亚里士多德[4]的主张下,货币问题上升到了

---

1 « L'argent peut-il tout acheter ? », *Marianne*, 15-21 août 2014.
2 "人类历史打开了一个新局面:三四个私营部门在初期因打着免费的幌子,涉嫌掌控全世界的智慧和文化",里夏尔·马尔卡(Richard Malka)的《免费乃偷盗》(*La gratuité, c'est le vol*)说得极妙。(该标题援引自Denis Olivennes. 2015 : *La fin du droit d'auteur*, SNE, 2015, p. 18.)
3 Emile Zola, « L'argent dans la littérature », *Le Messager de l'Europe*, mars 1880.
4 Aristote, *Ethique à Nicomaque*, Livre de Poche, 1992, livre V.

理论层面。货币是"衡量一切价值的共同尺度",是使得不同物品能够交易和估价的"公约"。拿鞋匠、渔夫和医生打个比方:假设他们想交换各自的服务,通过物物交换,鞋匠虽然可以用一双鞋换取医生的一次会诊,渔夫也可靠一条鱼换取鞋匠的一双便鞋,但前提必须是双方同时都有需要,因而这种方法未必行得通。当这三类行业把不同属性的物品摆在一起时,就只能以货币为媒介进行贸易往来了。货币是人为的,具有任意性——希腊语中,它和法律同为一个单词,即numisma[1],其对应的法语词是"numismatique"(古币学),表现了人与人之间互相依赖的关系。不同行业的商人把货币看作比例尺。亚里士多德认为,公正就是恰当、适度,只有把金钱作为劳动报酬,才不会损害任何一方的利益:"不公正的实施者占有过多,直接导致不公正的承受者获取过少。"[2]公正是较多和较少之间的平衡点,扣除多得的报酬,补偿给少拿的人。[3]"公正是得益和受损的中间值。"[4]

亚里士多德一上来就对两类财富进行了区分:一类是合情合理的、一家人的财富,即oikonomia(家政学),旨在为所有人带来舒适的生活;另一类是极具争议的、无休无止地积累财富,即chrématistique(理财学)。[5]前者合理支配家庭成员和仆人的生活开销,后者指的是商人投机获得的财富,不管倒卖的物品是什么,商人往往希望从中获取尽可能高的利润。于是任何物品都可分为使用

---

[1] 希腊语νομίζειν, nomízein,意为"按照法律使用",是指有关流通货币的研究或收集,所谓流通货币包括硬币、代币、纸币及相关物品。——译注
[2] *Ibid.*, chapitre III, p. 203.
[3] *Ibid.*, p. 206.
[4] *Ibid.*, chapitre V, p. 210.理财学也分好与次,*oikonomia*属于前者。
[5] Aristote, *Les politiques*, Garnier-Flammarion, 1999, livre I,chapitre VIII, « Administration familiale et art d'acquérir »,p. 110 sqq.

价值和交换价值（马克思后来对这两者进行了区分）。作为衡量一切事物价值尺度的货币，为什么在前人眼里就如此十恶不赦呢？当货币实现了自己的价值，发行量不断增大时，它的发展就不再有任何束缚与制约了。

当然，谋求利益、追逐荣誉并不可耻，但前提是要有礼有节。[1]和基督徒相比，亚里士多德的财富观更为包容：财富和美德、友谊并列为生活的必需品。热心肠的人可以为朋友的发财之路添砖加瓦，并乐在其中："生活原本是孤独的，但同时又是美好而舒适的；只有对生活充满热情的人，尤其是高尚且富有的人，才能领悟到这句话的含义。因为生活于他们而言充满希望，他们的存在毫无疑问是最幸福的。"[2]后来的塞涅卡和西塞罗（Cicéron）家财万贯，把健康和财富视为生活的重中之重，若在拥有两者时，还将其舍弃，无疑是丧失了理智。物质虽取代不了理性也取代不了智慧，却可以成为走向理性和智慧的奠基石，或是作为其补充。在斯多葛学派看来，健康和富有好过疾病和贫困，因为这是天意。如若天意要我们残疾或贫穷，我们就必须遵从天命。不过，天意往往是行善的。在希腊封闭的世界里，金钱撕开了一道具有潜在破坏力的裂缝。它将打破永恒轮回的时间周期，引诱出无穷无尽的欲望。

上帝就是玛门

基督教就像是为斥责金钱而生的。耶稣有一句被反复提到的比喻："我又告诉你们：骆驼穿过针的眼，比财主进神的国还容易

---

[1] Aristote, *Ethique à Nicomaque, op. cit.*, Livre VII, Chapitre IV, p. 285.
[2] *Ibid.*, livre VIII, « De l'amitié », p. 384.

呢！"(《马太福音》19：24)这个比喻立场鲜明,与犹太教以及后来伊斯兰教[1]的财富观针锋相对。后两者把财富视为神的恩赐,认为只要取之有道并对外施舍过,就无愧于享受这份恩赐(先知穆罕默德本人就是商人出身)。[2]早期的基督教主教控诉犹太人利欲熏心,在犹大的蛊惑下,为了几个小钱就廉价出售"救世主"。罗马教廷则侧重于揭露犹太人放高利贷的罪行。但丁把高利贷者打入第七层第三环地狱,一个连渎神罪人和鸡奸犯都不至于沦落到的地方。[3]时间为上帝所独有,不得用来生财,财生财更是明令禁止。亚里士多德谴责有息贷款"钱滚钱、利滚利",认为这种坐享其成的方式是畸形繁殖,有悖于常理(希腊语tokoi意为利息,也指后裔)。[4]圣·奥古斯丁(Saint Augustin)也借此控诉"精神淫乱"的高利贷。其表现特征为单纯受色欲驱使、不以繁殖为目的的性行为。这种结合本身就是罪恶的,现又被一个邪恶的计划所利用：金钱自我繁殖,产下子息。[5]

让人感到愤慨的是,高利贷像是有繁殖能力的手淫(onanisme fécond),不劳而获,夜以继日地生产,哪怕在礼拜日,债权人也要一边睡觉,一边以高利息剥削债务人。[6]封建时期,利穆赞的一位贵族不就等到播种的时候才带上银币去耕地,想借此长长面子,让

---

1 Sourate XVIII, verset 46："财富和子嗣是现世生活的点缀。"引自 Pascal Morand, *Les religions et le luxe*, Institut français de la mode/Editions du Regard, 2012, p. 112, note 4。
2 Jacques Attali, *Les Juifs, le monde et l'argent*, Livre de Poche, 2003, pp. 119-120。
3 André Pézard, *Dante sous la pluie de feu*, Vrin, 1950. 引自Jacques Le Goff, *La Bourse et la vie*, Pluriel, 2011, p. 64。
4 Aristote, *Les politiques,op.cit.*, livre I,chapitre X,《Acquisition naturelle et usure》, p.122.
5 伊斯兰国家严令禁止高利贷和有息贷款的流通。20世纪60年代,伊斯兰银行拓展到了埃及：债权人不对外贷款,而是代替客户购买需要的物资再以分期付款的方式出售给客户。这类金融产品必须"符合教义"(来源：*Challenges*, 2015年10月)。
6 雅克·勒·戈夫(Jacques Le Goff)对此有过经典的概括, *La Bourse et la vie, op. cit.*, p. 37。

大家知道他收获颇丰吗？[1]无性繁殖，就好比精子无须卵子就能繁衍后代一样，人们对它的谴责实则出于一种恐慌。何为高利贷？高利贷是一种罪孽，使得债权人永远地匍匐在撒旦脚下[2]，甚至在死后还会变成地狱的储钱罐[3]（基督教的土地拒绝埋葬他们的尸体），某些雕塑作品也描绘过高利贷者拉出杜卡托[4]的场景。[5]欧洲的犹太人被禁止从事大部分职业后，转而投身于高利贷这一行业。1215年，第四次拉特朗大公会议甚至判定"犹太人"是"高利贷者"的同义词。[6]鉴于此，犹太人饱受了种种迫害和屈辱，而身为放贷者、土地持有者和商人的基督徒[7]却可以受到更为宽宏的处置。犹太教明令禁止犹太人互放高利贷，只准许他们向教外人员放贷。[8]什么是放贷者呢？放贷者就是偷走时间的人，把造物者送给全人类分享的东西据为己有。这些盗贼必须归还他们扒窃的果实，否则就会被打入地狱。

于是，金钱成为上帝主要的竞争对手。然而天主教的不妥协却有两个矛盾的地方。一个是有关人才的寓言，圣马太（Matthieu）和圣路加（Luc）关于这个问题的论述众所周知。[9]主人远行前将一笔财产交付给了三个仆人：根据每个人的能力，他分给第一个人五

---

[1] 引自Alfred W. Crosby, *La mesure de la réalité*, Allia, 2003, p. 79。
[2] Jacques Le Goff, *La Bourse et la vie, op. cit.*, pp. 37-38.
[3] 雅克·德·维特里（Jacques de Vitry）曾在布道中说过，高利贷者死后，恶魔会往他的嘴里塞入滚烫发红的钱。——译注
[4] 杜卡托是旧时在许多欧洲国家通用的、铸有公爵头像的金币。——译注
[5] Jacques Le Goff, *La Bourse et la vie, op. cit.*, pp. 42-43.
[6] *Ibid.*, p. 46.
[7] Marc-Alain Ouaknin, « Entre la terre et l'exil », in A. Spire (sous la dir. de), *L'argent, Autrement*, n° 132, 1992, pp. 194-195.
[8] Jacques Attali, Les Juifs, *le monde et l'argent, op. cit.*, pp. 86-87.
[9] Matthieu 25, 14-30, Luc 19, 12-27.

个塔兰[1]，第二个人两个，第三个人一个。主人回来后，拥有五个塔兰的仆人返还了五个塔兰，拥有两个塔兰的仆人返还了四个。主人对他们大加赞赏。至于第三个把塔兰埋到地里的仆人，主人则把他狠狠斥责了一顿，并赶出家门。圣马太从中推导出来的结论引起一片哗然："凡有的，还要加给他，叫他有余；凡没有的，连他所有的，也要夺去。"我们至少可以从两个维度来解读这则寓言：一是劝告大家不要糟蹋上帝的恩赐，学会将本图利；二是"talent"一词既可代指"货币"，也可代指"超凡的能力"。一个自由人的目标就是培养自己各方面的能力（不管这些能力看起来多么微不足道），然后努力工作、提升自我。他的价值就不再是其作为自然人的价值，而是借助自然的赋予所创造的价值。我们也可以从主人的角度出发，看到这则寓言对投机的赞颂，主人冷酷无情地惩罚贫困之人，大加赞赏善于投资理财的能人（他们可能把钱借了出去，收了利息）。赞扬有为之士，糟践无能之辈，把他们推到黑暗里"哀哭切齿"，这是一种多么古怪的风气。诺贝尔经济学奖得主加里·贝克尔（Gary Becker, 1930—2014）的观点不就得到一致赞同吗？在他看来，任何个体都是人力资本，可以在各种投资（培训、教育、健康）中取得成效，并从中获利。早在他之前，约瑟夫·斯大林（Joseph Staline）于1935年说过这样一句话：人，就是最大的资本。公共教育部部长维克多·杜罗伊（Victor Duruy）也于1860年发表过同样的观点。[2]这就是天主教传统模棱两可的地方，在谴责金牛犊的同时又以量化的视角看待世界，一边贬低货币一边又赞扬货币。

---

1 塔兰是古希腊的货币单位。——译注
2 Claude Lelièvre, *Mediapart*, 6 janvier 2016.

天主教的另外一个矛盾点在于：当讲到上帝手持一本厚厚的账簿，根据每个人的行为惩罚恶人、奖励善人时，就已然是对金钱式奖惩的隐喻了。17世纪，康布雷主教费奈隆（Fénelon）认为，应该用高效时间表购买永生，因为上帝给予我们的每一个瞬间都是稍纵即逝的。他引用了一个之后将归属于资本主义的词语：时间，它是金钱，也是累累硕果，是让我们迷失自我的斑斑劣迹。他给灵魂救赎引进了一种计算方法，把罪孽和赦免量化成货币。生活是一笔债款，要我们用死亡或罪孽的报应来加以偿还。宗教语言首先是一种经济语言。教会一边翻译一边向信徒解释道，他们必须赎回自己的过错，并向上帝进贡礼物以平息他的怒火。于是权贵把土地、银器、佃租捐献给神父。平民百姓被迫向教士缴纳税款，也就是什一税[1]，占收入的十分之一。[2]忏悔本身也要根据"罪行"性质规定税率。

如果说宗教是一桩"贸易"，那么上帝就是灵魂的"财务总管"。恰是这位"首席银行家"将世间万物置于一个冰冷不变的数学切面之下。圣·奥古斯丁早就想建立起人类与天主之间的绝对负债关系了："没有人会偿还天主本无须为我们所偿还的债务。"[3]英国浸礼会[4]传教士约翰·班扬（John Bunyan，1628—1688）笔下的基督教寓言《天路历程》（*Pilgrim's Progress*，1678），讲述了一个从"俗城"寻访到"天城"的故事，他把人类和上帝比喻为顾客和铺铺老板，借以证明无论生前有多大成就，最终都无法偿还本金这一

---

1 常用于指犹太教和基督宗教的宗教奉献，欧洲封建社会时代被用来指教会向成年教徒征收的宗教税。——译注
2 Jacques Le Goff, *La Bourse et la vie, op. cit.*, p. 86.
3 Saint Augustin, *Confessions*, Seuil, 1982, livre IX-13, p. 245.
4 浸礼会产生于17世纪英国清教徒独立派，该宗派反对给儿童行洗礼，成年教徒受洗时须全身浸入水中，故名"浸礼"。——译注

事实。基督教的天堂如果不是人们最终得以逃脱得失权衡、如果不是相信自己生来无辜的地方，那又是什么呢？上帝不仅是数学家还是会计师，只要他一要求收回债务，人们就会设法供上祭品借以抚慰。所谓的无价只是一项回顾性发明：所有的东西都明码标价，包括至高无上的神和灵魂救赎。

布莱士·帕斯卡尔（Blaise Pascal）本人就曾援引过博弈论和概率论的观点，用以说服无神论者相信上帝的存在："让我们来评估评估赌上帝是否存在的得失吧。大概就两种情况：倘若赢了，就可拥有一切；要是输了，也不会损失什么。所以不妨就肯定上帝是存在的吧，不用犹豫了。"[1]若想获得真福（béatitude），帕斯卡尔首先考虑的是信仰的好处：在权衡利弊时，他认为未来永恒的快乐应该远远大于现世生活的小乐趣，这是计算思维的杰作。今天造成的失误，将来会加倍奉还，这就是规则。同时要学会拥有而非霸占，学会运用而非玩弄。基督教的理论构建正是基于这种借还模式，基督教为市场占领西方世界奠定了基础，然而市场随后又反过来把矛头指向了基督教。很早以前，希腊人就会在死者嘴里塞一个奥波尔币[2]，死去的灵魂随后将去往宙斯兄长——冥王哈德斯所掌管的冥界，每个死者都要缴纳自己的份子钱。专家称，最初的圣体饼就是按照古币模型被制作成类似硬币的形状。[3]同样，圣人头上的光晕也让人联想到金币，但比金币好的是，它还可以驱邪。[4]信徒的言语是等待投资并回报投资的言语。于斯曼

---

[1] Blaise Pascal, *Pensées*, édition Brunschvicg, p. 233.
[2] 古希腊钱币。——译注
[3] 参见Marc Shell, « L'art en tant qu'argent en tant qu'art », in Roger-Pol Droit (sous la dir. de), *Comment penser l'argent ?*, Le Monde éditions, 1992, pp. 111-112。
[4] *Ibid*., p. 114.

（Huysmans）不也解释说，痛苦是对炼狱的提前体验，是给上帝的预付款？[1]

灵魂救赎的交易所

赦罪在12世纪随着炼狱的出现而出现。炼狱是介于天堂和地狱的第三空间，既不完全善也非彻底恶的罪人将在这里结清尾款。这个死后弥补的层级允许生者与死者对话，还可以减轻对死者的处罚；炼狱在基督教世界开了一家名副其实的灵魂救赎交易所，市价一直起伏不断。[2] 严格意义上来讲，"赦罪"这个词指的是通过虔诚的行为（如朝圣、现款捐献、祷告、禁欲）赦免罪行，其中的价目表由代表教廷的赦罪院制定。赦罪院对每个过错明码标价，捐献可以帮助死者早日脱离炼狱的苦海。德国多明我会信徒约翰·特策尔（Johann Tetzel）以勃兰登堡大主教的名义出售赎罪券（大主教十分重视销售额，因为按照和罗马教廷的约定，他可以获得50%的回扣），他因如下的话而史上留名："银钱叮当落银库，灵魂立即出炼狱。"勃兰登堡大主教自创了一整套"减刑"（mitigation des peines）体系（法国历史学家雅克·勒高夫［Jacques Le Goff］），无所不用其极地把"交易"这个概念引进教义。这激起了路德教教徒的众怒，他们眼睁睁看着梵蒂冈这一人类机构开着永久有效的发票，胁迫上帝做事，感到愤慨不已。

自12世纪起，这个明码标价的赎罪系统就开始有条不紊地运行了。例如，将弥撒以单位出售，人们买下多少弥撒，就可以获

---

1 Joris-Karl Huysmans, *Sainte Lydwine de Schiedam* (1901), Editions A rebours, 2002, p. 218.
2 相关话题参见Jacques Le Goff, *La naissance du Purgatoire*, Folio-Gallimard, 1991。

兜售赎罪券

得同等数额通往天国的旅费。虔诚忏悔就能获得赦免的观点日益深入人心，这也带动了各种疯狂至极的商业交易——朝圣、给医院骑士团捐献[1]、朗诵赞美诗，希望借此获得炼狱的年数。"例如凭借一次忏悔、多次献祭和祷告，这座圣堂保证可获得7年和7个封斋期的减免，另外那座圣堂则是40次忏悔换得40年的减免。一位圣地朝圣向导告诉我们，定期去所有圣地朝圣就有望获得43次忏悔，换得7年和7个封斋期的减免"。[2]通过复杂的加减法，获得对应数量的减刑成为当代监狱系统的雏形。在资本过度积累的登记簿中，平民百姓、资本家和贵族均得为要做的弥撒支付一定的金额以求得灵魂的安宁，其中涉及的支付方案尤为让人联想到利息递减的房贷还款方式：最初几年缴纳的金额最多，此后逐年递

---

1 医院骑士团全称为"耶路撒冷圣约翰医院骑士团"，成立于1099年，主要负责照料伤患和朝圣者。——译注
2 Jacques Chiffoleau, *Crise de la croyance. Histoire de la France religieuse*, tome II, Seuil, 1988, p. 138 et 144.

减,类似于一个渐进曲线:"多菲内地区一个寡居的富人……被要求在18年内做满1450次弥撒(第一年120次,接下来的三年每年110次,之后的四年每年100次,再四年每年75次,最后六年每年50次)。"[1]13世纪,会计观念深入人心,随之而来的是钟表在城市中的普及,日常生活中数学的重要性也日益突出:事实上,从这个时期开始,数字命理学就让位给了全称量词化。[2]教堂同样在售卖豁免许可证:鲁昂圣母大教堂黄油塔(tour de Beurre)的建筑资金就来源于出售居民封斋期的吃肉许可证。罗马也随之创办了"灵魂市场",这让路德大为光火。罗马教廷怂恿穷人和谦卑之人沉溺于奢侈、狂欢、炫富、买卖圣物、非法捐税和贡品中,宣称这是回归本性。路德奋起反抗罗马教廷。1521年,托马斯·闽采尔(Thomas Müntzer)把《新约圣经·启示录》中的大娼妓称作"巴比伦大淫妇"[3]。如今的天主教教堂依旧施行赦罪,全赦或部分赦免:例如,只要心怀感恩,戒烟或不再污染环境,就有望减免惩罚。花一笔小钱请人做弥撒也是可行的,这不仅对死者有好处,而且还能借此维系生者和死者的联系。罗马教廷想要摒弃金钱赎罪体系,却不顾自身教义的反对,靠金钱自救,维持生计。索伦·克尔凯郭尔(Sören Kierkegaard)[4]的评价是公正的,他控诉教堂只是"一个通往永生的营利性企业,之所以没有失信于人,

---

1 Jacques Chiffoleau, *Crise de la croyance. Histoire de la France religieuse*, tome II, Seuil, 1988, p. 142.
2 1275—1325年,当欧洲第一批机械时钟和第一批大炮问世时,历史学家阿尔弗雷德·W. 克罗斯比(Alfred W. Crosby)又回顾了这一转变。参见 *La mesure de la réalité*, p. 30.
3 巴比伦大淫妇,又译巴比伦大妓女、大娼妓,是《新约圣经·启示录》中提到的寓言式的邪恶人物。——译注
4 索伦·克尔凯郭尔(1813—1855):丹麦宗教哲学心理学家、诗人,现代存在主义哲学的创始人。——译注

是因为我们没有收到旅行者捎回的消息。"

珠光宝气和禁欲苦行

当《新约全书》宣扬禁欲主义、赞美穷人之伟大时，教堂却裹上了一层熠熠生辉的金箔，装饰极其奢华。自重申圣象合法性、反击路德主义的特伦托会议召开之后（1562），这种情形在反宗教改革时期显得尤为突出。在圣母的庇护下，教堂可以敛聚珠宝，处置捐献的钱财、装饰品和首饰等预示了捐献者未来命运的东西。教堂甚至被授予了发行有息贷款的权力，但不得征收高额利率。[1]法国教堂的遗产继承策略禁止娶寡嫂制（哥哥死后，由弟弟娶寡嫂）和不孕夫妇的领养行为，这在一定程度上是为了保证能够回收每个人死后的财产。直至7世纪末期，法国三分之一的耕地都归属到教堂名下。[2]神职人员在描述和宣扬宇宙的浩瀚光辉时，除了求助于艺术家的才能、珍贵的材料、流线型的珠宝、红宝石和祖母绿装点的圣骨盒[3]之外，别无他法。让人陶醉的色彩、令人眩晕的天花板绘画、奢华柔和的材料让信徒憧憬着静候在彼世的美好。天堂在现世，在主教座堂中，在宗教圣殿里。被金子压垮的教堂，穿着色彩缤纷的华服、大腹便便的主教所展现的奢华与罗马教廷所颂扬的贫穷形成鲜明的对比（犹太教教士、天主教神父、基督教牧师、东正教神父通常都身材肥胖，整个教会呈现出一种体态丰腴的形象。上帝的宗教仪式把他的臣子养得白白胖胖）。严苛的戒律向来对富人都充满善意，尽管威胁着要在彼世对他们加以惩罚，却不会侵扰他们在

---

1 Joël Schmidt,《Sans ostentation》,in A.Spire(sous la dir. de), *L'argent,op.cit.*, p.73.
2 参见Philippe Simonnot, *Le sexe et l'économie*,JC Lattés,1985, pp.89-91。
3 Pascal Morand, *Les religions et le luxe,op.cit.*此书对这一主题有着很好的概括。

现世的特权。主教、红衣主教和教皇生活之奢华让人难以置信，稀世佳肴、美酒饮品，与奉承者、年轻人或膝下红人的肉欲之欢就更不用提了，这些都招来了基督徒的仇恨。除此之外，拜占庭帝国信仰的东正教也有过这般放纵的奢侈：黄金画像、象牙长椅、昂贵的还愿物，以及如今在俄罗斯、罗马尼亚、希腊还能一睹其光彩的司祭法衣。东奥斯曼帝国、莫卧尔王朝统治下的印度也展现过超乎西方统治者想象、闻所未闻的奢华与精美。皇家庭院、大清真寺、寺庙、陵墓（包括著名的泰姬陵）都是宏伟华丽的心灵慰藉地，人们在此感知来自彼世的第一缕光辉。[1] 儒家思想认为财富与美德、自我提升相辅相成，印度教也通过形象温厚、永保兴旺发达的象神伽尼什（Ganesh）把财富拟人化。可印度教又将婆罗门（Roi）与贱民（Renonçant）、拉者（Rajah）与瑜伽信徒（Yogi）对立开来，一个醉心于蛊惑人心的尘世奢华，一个注定会摆脱现世生活和生死往复的束缚。

同样，圣歌是歌剧的起源，仪式讲究的弥撒、红衣主教、唱诗班的孩童让人联想到皇家庭院或剧院场景。教堂，至少是那些极尽奢华的教堂，看起来与宫殿别无二致，给人以感官上的享受。在这里，一种革命性的奢侈观普及开来，面向全人类的救赎承诺得到提前兑现。只有修道生活才能消解奢侈带来的腐化堕落，重新意识到甘愿穷苦、精神禁欲的重要性。因而对教堂绘画、彩绘玻璃心怀恐惧的加尔文派教徒借圣像破坏运动，立马推倒了圣像雕刻，刷白了壁画，这种情况在瑞士尤为突出。随后兴起的反改革运动打破了人们心中原本的审美观，一改艺术作品中僵化的教条模式，巴洛克风

---

1 据描述，沙贾汗孔雀宝座的华盖用12根祖母绿石墩作为支撑。参见Pascal Morand, *ibid.*, pp. 134-135。

格至此进入发展的全盛时期。相反,新教反对祭拜圣像,将所有的感官享受都融入音乐中。要没有路德对这一表现形式的坚持,人们也领略不到巴赫(Bach)音乐作品的绝妙之处了。

面对以上种种矛盾,罗马教廷也并不都能迎刃而解,尽管教皇方济各委婉地抨击了"一种无形的、新型的金融暴政"和私有财产[1]。他所宣称的"我不喜欢钱,但我需要钱帮助穷人、宣传教义"[2],可谓是精神分裂症的典型表现(这种自相矛盾的情况也许我们每个人都会遇到)。三十年来,梵蒂冈银行系统因丑闻频发而一直饱受诟病(2012年和2015年的"教廷解密"事件揭露了教廷内部大肆重用亲信并挪用资金的事实。枢机主教贝尔托内[Bertone]或高级教士农西奥·斯卡拉诺[Nunzio Scarano]等主教花钱大手大脚的生活方式,以及斯卡拉诺涉嫌通过梵蒂冈银行为黑手党洗钱[3]的事件就更不用提了)。这明显就是教会自相矛盾的地方,一边谴责金钱,一边容忍金钱,这一切继而又在标榜的美德与展现的奢华中分崩瓦解。而大多数神父还是过着清贫的生活。[4]罗马教廷认为应该以感性手段讴歌神的完美。司汤达(Stendhal)怎么就不颂扬耶稣教和天主教的贪污腐败,感谢它激发自己写下了多部著作,并反对路德主义可鄙的理性,控诉其只会在大西洋的彼岸生产美元呢?[5]新教的枯燥无味更倾向于在抽象理念中遮遮掩掩,而罗马的

---

1 2013年11月,宗座劝谕《福音的喜乐》以此抨击"对金钱的偶像崇拜"。
2 消息源自负责银行改革的梵蒂冈商业银行新任总裁让-巴蒂斯特·德弗朗苏(le Français Jean-Baptiste Franssu)。(2014年7月10日)
3 « Robin Hood or money launderer ? »,*The New York Times*, 18-19, octobre 2014.
4 梵蒂冈每年公布的预算达2.5亿欧元(包括旅游收入、邮票出售等),其中有超过0.7亿欧元来自信徒捐赠、基金捐助和教区收入。(来源:维基百科)
5 Philippe Raynaud, La politesse des Lumières. Les lois, les mœurs, les manières, Gallimard, 2013, pp.228-229.

多愁善感则以圣像、雕塑与绘画的形式迸发出来。各大教廷才是意大利真正意义上的皇亲国戚，它们的荒淫无道让人反感，却又一直借此蛊惑人心。我们本不应该以胜负来评定感性主义与严肃谨慎之间的对抗。两者既然可以相互依存，为什么还是会产生矛盾呢？东正教也面临同样的压力，恺撒教皇主义，即世俗政权和教会政权的交叉重叠更是激化了这一矛盾。尤其是俄罗斯、罗马、保加利亚、塞尔维亚、希腊等国教会在世俗政权的阿谀奉承下，只需缴纳微薄的税款，便可钵盆满溢，掌控巨额资产。

天主教训导虔诚的信徒漠视现世财物，但这是个无用功，它无法遏制信徒自中世纪以来就对生命和快乐怀有的无尽渴望。相反，坚持信仰而非道德行为的路德教和加尔文教则力求振兴就业，再现繁荣。有悖论曾多次强调可以将改革解释为一个双重性的运动：对改善现世生活的担忧，强化了对灵魂救赎的执念。自此，人们以彼世的名义，不断投资与美化着现世世界。马克斯·韦伯（Max Weber）[1]有一篇论文被驳斥了上千次但依旧振奋人心，正如他在文中强调的那样[2]，是某些地区（如德国）在经济上的繁荣引发了宗教改革，而不是宗教信仰促使了资本主义的诞生。资本主义最早萌芽于意大利的城镇，甚至，根据费尔南·布罗代尔（Fernand Braudel）的说法，7世纪伊斯兰革命爆发之际就已然出现了"原始

---

[1] 马克斯·韦伯（1864—1920）；德国社会学家、政治学家、经济学家，是古典社会学理论和公共行政学最重要的创始人之一。——译注
[2] 对韦伯观点的第一次驳斥要追溯到1913年维尔纳·桑巴特(Werner Sombart)发表的《资产阶级》(*Le bourgeois*)，书中表示生活的合理化改革要从经院哲学思想中汲取灵感，佛罗伦萨人文主义者阿尔伯蒂在15世纪就已经介绍了资本主义伦理学说。(chapitre VIII, « Les vertus bourgeoises », p. 129 sqq.)

资本主义"[1]的某些特征。而本杰明·富兰克林（Benjamin Franklin）"时间就是金钱"的著名言论实际上出自中世纪末期，即15世纪画家、数学家和密码学家莱昂·巴蒂斯塔·阿尔伯蒂（Leon Battista Alberti）之口[2]，再往前追溯，就要说到按照钟声规划时间和任务的僧侣了。

　　罗马教廷眼里让人沉沦的金钱怎么就成了新教徒赎罪的工具？这恰恰是路德借用通俗易懂的比喻和迷惑人心的寂静主义[3]想要力求改革的地方：基督徒首先要在信仰而非道德层面履行义务。"良好又公正的品行从不会塑造出善良又有正义感的人，而善良又有正义感的人会拥有良好又公正的品行。"[4]通过捐献和朝圣获得救赎是没问题的。大树若想结出累累硕果就得健康成长。但宗教的虔诚同样也要求信徒在纷乱的世俗中实现自我，并帮助身边受苦的人。天主教坚持把虔诚祈祷和辛勤劳作的两类人区分开来[5]，认为施舍、祷告比功利的工作更有价值。加尔文（Calvin）继路德之后，推翻了这一观点，并重新改写如下："工作，就是祈祷。"工作消除了对神之选民的疑问，给予了"救赎的主观确定性"（la certitude subjective du salut，马克斯·韦伯）的观点，成为现代灵魂的强效镇静剂。工作不只是一件苦差事，它开垦了土地，还通过能力互补的需要，促

1　Max Weber, *L'éthique protestante et l'esprit du capitalisme,* Plon, 1964, p. 24. 令人讶异的是，韦伯的这篇论文在此处引起了一个很大的争议，这个争议貌似支配了现实，并率先挑起了南北欧的断层（希腊危机就是明证）。与其说是论文阐释了历史，倒不如说是赋予了历史一个方向，可谓是文本的奇异冒险之旅。

2　参见. Jacques Le Goff, *La Bourse et la vie, op. cit.,* p. 119。

3　寂静主义是一种神秘的灵修神学，指信徒在灵修中，当单单享受与神交通的神秘经验，而这经验乃是神主动白白赐下的，并非来自个人修为，这一主张触怒了天主教，因为天主教主张以刻苦、行善换取上帝的喜悦。——译注（来源：百度百科）

4　Luther, *Les grands écrits réformateurs*, préface de Pierre Chaunu, Garnier-Flammarion, 1999, p. 222.

5　Herbert Lüthy, *Le passé présent*, Editions du Rocher, 1965, p. 63.

使人与人之间互相联系。正如德语Beruf[1]这一术语所指代的那样，职业成为一种使命，它既是一种号召又是一种誓言。重新肯定世俗工作的价值对于未来而言至关重要：谋生计，曾是奴隶和无耻商人才会做的事情，从此显得无比高尚。

加尔文主义的宿命论（圣·奥古斯丁已经介绍过）将命运完全交付到上帝手里：一些人会因上帝的意愿而得到救赎，而另一些人无论怎样做，都会被上帝遗忘。也许遵守教规的好人得不到的恩赐，反而被触犯教规的罪人得到了。被天主遗弃之人必须装出一副将要被救赎的模样，不然就会深陷绝望。"圣化劳作，盆满钵盈（前提是要开源节流）：这是某种教义意外得出的结论，这种教义在等待上帝的旨意时，表面上宣扬着宿命论，最终却为了上帝至高无上的荣耀而美化现世世界。不再有切实的证据来证明个人的圣洁，禁食、祷告、弥撒、对修道院的捐献都无法证明自己是基督徒。"[2]救赎的条件就是不求解答，将悬而未决的疑惑带进坟墓。在等待最后的审判时，只有劳作和财富的积累可以缓解罪人的不安。金钱前所未有地作为一个神学问题被保留了下来：金钱是抚慰信徒伤口的一针安慰剂，赋予那些最简朴的教派，如美国的摩门教徒、印度的耆那教徒和袄教徒，塞内加尔的姆利德教派（les mourides）等惊人的能力，创造出巨大的财富，就好像神秘主义和货币抽象主义两个世界之间存有很深的血缘关系一样。

由此我们发现，如今的北欧与南欧对债务持有两种态度：在天主教徒（以及部分东正教教徒）看来，出生之日即是开户之日，还款期限可以随意更改，这一灵活性导致户主在还款时显得有些随意

1　Beruf：职业、天职、神谕。——译注
2　Luther, «La liberté du chrétien», in *Les grands écrits réformateurs, op. cit.*, pp.230-231.

放肆。忏悔圣礼可以把犯下的罪恶一笔勾销。天主教充分考虑了世人犯错误的可能性，对我们的过失表现出无限的宽容。而新教徒则恰恰相反，过失就是债务（德语中的过失和债务是同一个词：Schuld），严谨精神和经济理念无法容忍商业管理中存在任何一笔逾期债务，私企也好，国企也罢（德国就是一个明证），都如此。天主教徒进入教会就好比踏进了一家仁慈的银行，在等待最后的审判时，可以通过祷告和忏悔来免除痛苦。相反，新教徒却无法获得教会的任何宽恕，因为他独自面对上帝，必须亲自证明自己的虔诚，他对自己唯一的辩护就是在人世最终取得成功。当然了，以上两种思想都可以接受一些例外。

对金子的渴望

在小说《金子》(*L'or*)[1]中，布莱士·申德拉斯（Blaise Cendrars）讲述了一位瑞士冒险家的故事，令人唏嘘不已。1820年，身无分文的约翰·奥古斯尔·苏特尔（Johann August Suter）为了逃离贫苦的生活，只身前往加利福尼亚。历经重重困难后，他从墨西哥政府手中收购了一大片土地（当时美国西部地区还是墨西哥的领地），翻土、灌溉、养殖牲畜、将水果和蔬菜种植量翻一番。他很快就雇用了成千上万个工人，有望成为世界上最富有的人。而恰在此时，人们发现他的地里有黄金：这个消息顿时吸引了一大批掠夺者和盗贼，他们毫无顾忌地前来洗劫一空。苏

1　Blaise Cendrars, *L'or*, Folio-Gallimard, 1973.

特尔就此破产，余生都在数不清的诉讼中度过，试图拿回自己的财产。

申德拉斯这部带有超验色彩的寓言小说告诉我们：资本积累不是前人口中的财迷心窍（维吉尔［Virgile］称之为"该诅咒的黄金欲"），而是适度的贪财，其进程是创造财富而不是骗取财富。若是混淆了二者，也就是混淆了两种价值秩序，一种来自自然界，以矿层和片装金的形式呈现；另一种则是人类劳动创造的结果。金子，就像凯恩斯说的那样，是"野蛮的遗迹"，永远不会失去神秘力量；危难之时，它依旧是我们转而求助的避风港，这也算得上是金属对非物质化的一种回报。但金子不再是我们经济发展的动力，而只是幻想和欣赏的动力。它不是普通的石子，即便珠宝业和高级钟表业会把它调成玫瑰色、白色或灰色，但它仍然象征着被囚禁的太阳，是原始的能量。圣文德（Saint Bonaventure）不就曾说过"从字面意思上讲，上帝是光"[1]吗？但在金子里，神圣的光会凝结至不再透明的密度，发出耀眼的光芒。

连环画里有一个把两种致富道路，即工作和开采结合在一起的人物：比索舅舅[2]，又称史高治·麦克老鸭（Scrooge McDuck）。这只爱财如命的鸭子出自1947年卡尔·巴克斯（Carl Barks）之笔。麦克老鸭出生于苏格兰，作为一个没落家族的后代，它卖过木头，给鞋子上过蜡，赚到的第一枚硬币——1美分，成了它的"幸运币"；它也

---

[1] Alfred W. Crosby, *La mesure de la réalité*, *op. cit.*, p. 222.
[2] 原著中为舅爷、舅舅与外甥的关系，我们的翻译由于历史遗留习惯而保留了叔侄的翻译。——译注

史高治·麦克老鸭

是偷渡客，是移民。在它看来，自己的前途在美国。踏上肯塔基州（Kentucky）路易斯维尔（Lousiville）的土地后，在一个节日的夜晚，它感叹道："空气本身就弥漫着发财或破产的味道。"[1]一位豁达明理的郡长告诉它："记住，财富不仅仅是一堆钱。它更是成就带来的荣耀。"不同于莫里哀笔下的守财奴，在它所出生的时代，致富的渴望是合理合法的。爱发牢骚、愤世嫉俗的它非常卖力地工作着：在克朗代克河（Klondike）、德兰士瓦（Transavaal）勘察铜矿、寻找黄金，并远赴澳大利亚，可谓是一个随时准备承担风险的冒险家。它的吝啬早就成为一个传奇：付给工人的薪水少得可怜，自己家里的日子也过得紧巴巴，就连拒绝射杀一只大褐熊的理由，也只是因为子弹昂贵。它虽然守住了合法的底线，却依旧固执地保持"耿直"的态度。成为亿万富翁之后，即便它的邪恶分身格莱姆格德

---

[1] Don Rosa, *La jeunesse de Picsou*, Glénat, 2012, p. 31.

和"富二代"罗兰鸭做了反面教材，比索舅舅还是喜欢慵懒地躺在黄金池、黄金湖中，甚至可以说是由钱币、金块、纸币组成的黄金海里，它在里面蹚水、潜泳，挖出一条条长廊。于它而言，金钱犹如一个生生不息的孕肚，是美的极致。它从中获得新生，永不满足。比索舅舅的财产常常会受到庇兄弟（Rapetou）[1]的威胁，这些家伙不禁让人联想到《罗宾汉》中的人物。比索舅舅的独特之处在于：它在金子里寻欢作乐，肆无忌惮，从中体验到了精神超脱带给圣徒的狂喜。它无视塞涅卡对亮光和柔光的区分[2]，因为在它眼里，所有发光的东西都是不可思议的。它的咧嘴大笑来自快感带来的喜悦，没有什么可以抑制这种兴奋。比索舅舅乐在其中。

---

1 庇兄弟是迪士尼公司"米老鼠"系列中的人物，是一帮窃贼、小偷，经常对史高治·麦克老鸭的金库下手，但从来没得手过。——译注
2 Sénèque, *Lettres à Lucilius, lettre 21*, Garnier-Flammarion, 1999, p. 121.

第二章

《论穷人高尚的尊严》

> 不要为自己积攒财宝在地上,地上有虫子咬,能锈坏,也有贼挖窟窿来偷;只要积攒财宝在天上,天上没有虫子咬,不能锈坏,也没有贼挖窟窿来偷。因为你的财宝在哪里,你的心也在那里。
>
> ——《马太福音》6:19-21

1659年,波舒哀(Bossuet)[1]在其名为《论穷人高尚的尊严》(*De l'éminente dignité des pauvres*)的布道中推论,在静态社会里,弱者丝毫没有改善命运的机会。不过他们至少还享有一

---

[1] 又译为博须埃,法国主教、神学家,也是路易十四的宫廷布道师,拥有"莫城之鹰"的别名。他被认为是法国史上最伟大的演说家,著有《哲学入门》《世界史叙说》等。——译注

个特权：成为耶稣苦难的化身。弱者早已在世间修建了"上帝之城"[1]。波舒哀，这位莫城（Meaux）主教还在训言中运用了基督教常用的修辞格：价值的反转。现世一无所有的人，将在彼世拥有一切，反之亦然，"所以，穷人啊，你们是富有的，富人啊，你们是贫穷的"。

卑微者的荣耀

在波舒哀看来，利欲、骄奢、淫逸都是达官贵人的劣习。穷苦之人经常食不果腹，还备受各种激愤情绪的折磨，如野心、贪婪、享乐、奢侈和懒惰等。然而穷苦之人所罹患的这些不幸又可称为特权，使得他们成为"天国的继承人"，获得恩准进入天堂。荣耀的王一边"宠幸社会底层人民"，一边遴选世界上最卑微的存在。他向掌权者发出命令，只有依靠穷苦之人，才能打开通向天堂的层层大门："因此恩赐、怜悯、赦罪，甚至整个天堂都被穷人一手掌控；没有穷人的接纳，富人无法进入天堂。"[2]这个庄严的训诫背后，没有半点号召颠覆社会秩序的意味。穷人到了彼世才能获得救赎。他们要避免富人错误示范的干扰。因为这些富人向社会发出了一条可怕的信息：富足的生活也许是讨人喜欢的，禁欲修行没什么意义。倘若有一部分人，得益于自己的出身，沉醉在生命的种种诱惑中，那这部分人就会使得所有人不再遵从基督教所要求的逆来顺受的教礼。若与这部分人同处一个国家的公民希望享受与富人一样的优待，要求世界变成伊甸园而不再是一片苦海，那将会发生什么呢？

---

1 Bossuet, *Sermon sur la mort et autres sermons*, GarnierFlammarion, 1970, p. 183.
2 Bossuet, *Sermons et oraisons funèbres*, préface de Michel Crépu, Seuil, 1998, pp. 31-32.

四处将充斥着野心、欲望以及对享乐的无尽垂涎，人们甚至不惜将上帝遗忘。

上文提到的弊害，需要借助合理、灵巧的方法进行规避，那就是尊崇穷人，贬低被称为"神之子民"的贵族。前者的卑微是其荣耀的头衔，后者的荣耀则意味着衰败。圣·奥古斯丁早就提出过一个观点：对钱的欲望甚至比花钱更受人指责[1]，他劝说人们不要为了失去"贪心得来的小财"而痛苦，要用世间的财富换取精神上的富足。富人被重负压得直不起腰，这里的重负指的就是富裕，即不必要的占有。

死亡即结账

作为虔诚的基督徒，波舒哀从死亡的角度论及生命，也就是说，从跃入永恒的那一刻审视生命。逝世当晚，富人要向治安法官兼检察官的上帝清报财产。通俗地讲，就是要向这位至高者出示账单。这位惩戒之神拥有两副面孔，一面是索取欠款的人，一面是施以惩罚的人。基督教斥责放贷者，认为上帝有息贷给我们生命，放贷者的位置本属于上帝。在最后的审判中，穷人扮演了原告和律师的角色，既负责控告又负责辩护，一边攻击那些曾经忽视过他们的人，一边又为自己的衣食父母求情。在波舒哀看来，贫穷本身是好的，它把遭受贫穷之苦的人变为了"精神医生"[2]。可恶的富人躺在死亡之榻上，匆忙地分配自己的财产，试图平息上帝的怒火，在生命的最后一刻，极力展现自己的仁慈，却为时已晚。相反，善良的

---

1 Saint Augustin, *La Cité de Dieu*, traduction de Louis Moreau revue par Jean-Claude Eslin, Seuil, 1988, livre I, p. 47.
2 Bossuet, *Sermon sur la mort et autres sermons, op. cit.*, p. 70.

富人因曾对外施舍过，生前替可怜之人照顾过牲畜，这些可怜人随后就会在上帝面前为其辩护。

死亡有这样一种功能：从稗子中分离出优良的谷粒，从腐烂的躯体中剥离出不朽的灵魂。它许下承诺，彼世会得到安慰：正义之士将身居高位，邪恶之人则会被流放到黑暗之地。这是一个双向运动：将整个人类的命运聚集到死亡的最顶端，敦促富人惠施恩泽，仅以此就可保佑他们免遭永恒之火的折磨。所以，是对罚入地狱的恐惧让人变得善良，而不是善良让人变得慷慨。这种利他式的奉献出于一个极其自私的原因：对地狱的恐惧。基督徒应当鄙视财富，无视那些虚妄的承诺，专注于养成谦逊、仁慈的品德。在浮华中沉沦的富人最好去侍奉穷人，以免葬身于火海，死后成为"备受折磨的权贵"[1]。

下面这一诡辩令人失笑：把穷人比作世上的盐[2]，如此天花乱坠的解释早就不管用了，尤其是对信徒而言。与此同时，新教的崛起让人们目睹了一个全新价值观在欧洲大陆的形成：生产性劳动。对每一位自尊自爱的基督徒来说，维持自身及其家庭的生计都是义不容辞的责任。甘于贫穷，拥护托钵修会[3]式的剥夺，在新派哲人看来都是不理智的。崇高的是工作，而非贫穷。一旦有钱人不再粗鲁地炫富并领会到"知足的智慧"（加尔文）之后，财富将恢复名誉，贫穷不再被歌颂。罗马教廷在穷人中看见了耶稣的面庞和"天堂的

---

1 Bossuet, *Sermon sur la mort et autres sermons, op. cit.*, Sap. VI-7.
2 耶稣上山垂训，要他的门徒做世上的盐和光。他说："你们是世上的盐。盐若失了味，怎能叫它再咸呢？以后无用，不过丢在外面，被人践踏了……"世上的盐转义为最优秀的分子、最杰出的人物，有时用于讽刺。（摘自：梁德润，《希腊罗马神话和〈圣经〉专名小词典》，北京：商务印书馆，2017年，第139页。）——译注
3 天主教僧侣团体之一。它以云游布道、托钵乞食的方式区别于其他修道院僧侣组织。——译注

守卫者"，它为不幸的穷人提供工作，帮助他们摆脱穷困潦倒的生活，惩罚游手好闲、以懒惰为乐的乞丐。从这个角度来看，如果有息贷款可以做到公平、公正，借款人与放款人承担同样的风险，那么改革者将准许放贷。

历史学家随之一致认为资本主义和加尔文主义两者之间具有亲缘关系，加尔文主义已发展衍生为一种成功神学，征服了如今的美国。[1]加尔文将权贵置于神灵的庇佑下以保其心安：上帝在我们中间选中了他们，赏赐给他们真福。赚钱成了一项无害且受人尊敬的活动。贫穷保持着其神学上的价值，却又被当作是对信仰的考验。应该摆脱贫穷，而不是把它当作美德加以称赞。[2]要限制贫穷，防止它如洪流般涌出冲垮城市的基石。正如加尔文所说，贫穷本身已经失去了神圣的光环，我们应当与其抗争，将其视为一种使人堕落的灾难。

吸血鬼与娼妇

工业革命后，这个极具争议的话题又被重新提起。从19世纪开始，金牛犊再一次成为抱怨的对象：进步主义认为，金牛犊代表了穷人被统治者压榨的血液。左拉随后也说道，金牛犊吸干了所有法国人的劳动和汗水，从不幸者身上汲取营养，在幸运儿中繁荣壮大。它那直接又粗暴的掠夺，如吸血鬼般吸干了数百万人。金牛犊同样也暴露了另一个缺陷——颠覆道德、混淆黑白：把坚贞变成背叛，把爱变成恨，把德行变成恶行，把恶行变成德行，把奴隶变成主人，把主人变成奴隶，把愚蠢变成明智，把明智变成愚蠢。金钱

---

1 Herbert Lüthy, *Le passé présent, op. cit.*, p. 63.
2 Roger Stauffeneger, « Réforme, richesse et pauvreté », *Revue d'histoire de l'Eglise de France*, n° 149, 1966, pp. 47-58.

不遵从等级制度——这种另类的批判被视为颂歌。金钱是一种诱饵，可以帮助持有者轻易地拥有其自身不具备的能力。它像一个魔鬼，游走在人群中，购买尊严、荣誉、知识、人心和身体。"我相貌丑陋，但我可以买到美若天仙的女人；也可以说我并不丑，因为丑陋所带来的影响，即它惹人生厌的副作用，可以被金钱化解。我——作为一个个体——四肢不全，但金钱可以让我拥有三头六臂；因此，我并不残疾……我是个没头脑的人，可金钱是万物真正的智慧，金钱的持有者又怎么可能是愚笨的呢？"[1]金钱混杂了一切事物，哪怕是最微小的心愿，它都可以实现。因此，莎士比亚说："金钱是人尽可夫的娼妇，是人们与各民族的普遍牵线人。"

1933年，埃马纽埃尔·穆尼埃（Emmanuel Mounier）[2]从近似基督教人格主义的观点出发，也对此抱怨道：金钱把人从自己的躯体中驱赶了出去。这架不具人格的机器把政府、国家和家庭踩在脚下。它用利益取代内在性，让人不再追随圣召。社交生活因此变质，整个社会充斥着简单的经济计算；同样地，金钱还利用自私利己的计算破坏私人生活。穆尼埃描绘了资本主义社会中的三种人群：富人、小资产阶级和穷人。富人享受着便利的制度，没有什么可以阻挡他们，一切都得为他们难以抑制的欲望让路。他们的物质财富可以买走病痛、死亡，甚至可以买到爱情和友情的表象。有钱人目空一切，把世界榨干掏空，相信自己可以占有全世界。在他们来看，小资产阶级虽被这一模式迷得神魂颠倒，却只能算是发育不良的富人，缺乏实现其野心的资产。富人希望获得尊重，小资产阶

---

[1] *Contre l'argent fou*, anthologie présentée par Damien de Blic et Jeanne Lazarus, Le Monde, série « Les Rebelles », vol. 6, 2012, p. 27.

[2] 埃马纽埃尔·穆尼埃（1905—1950）：法国哲学家、神学家、人格主义的重要代表。——译注

级则渴望晋升。至于穷人,这一群体将不复存在,取而代之的是那仅仅为了几苏[1]就能卑躬屈膝的可怜人,他们在失业、酒精、必需品中潦倒崩溃。"不过,也曾有这样的人……身无分文……却身心合一。"[2]以往的这类理想化没有半点历史根基,却足以将金钱定罪为万恶之源。

货币之所以引发如此大的怒火,可能是因为它体现了现代化的本质及其多变的精神面貌。货币所呈现出的流动性与持久性相互对抗,其流通的特性与僵化的势力形成对峙,它推动人类自觉地改善自身的命运。除此以外,货币让人类处于一种阴暗压抑的计算基调中。批评者的说法是,一种"数量化的准则"将彻底取代质量的意义,从此,生活屈服在一大堆未知的数据面前。我们掂量着,计算着,未曾细细品味。最终,金钱这种简易的交换工具可以买到各种各样的商品,渐渐地,它自身就成为最高级的商品。"需要自己又被自己需要"(斯图亚特·穆勒 [Stuart Mill]),金钱承载着人类的无限欲望,如同乌云酝酿着雷雨一样。这个工具是一个终止符,它超出了自身的使用价值,同时也激起了多多益善的赚钱愿望。

于是就有了对待金钱的两种不同态度:一种是阿谀奉承,公开或秘密地向金钱献媚;另一种是不屑、蔑视,对金钱表现出极度的憎恶。这两种态度也有可能相互转换,禁欲者跌进贪恋,贪婪者陷入禁欲主义。一切德行,但凡有的话,都要求摒弃对卑劣金属的爱恨纠结,保持一种平和的心态。

1　苏是法国辅币名,相当于1/20法郎。——译注
2　*Contre l'argent fou*, anthologie présentée par Damien de Blic et Jeanne Lazarus, Le Monde, série « Les Rebelles », vol. 6, 2012, pp. 181-184.

废除货币的梦想

　　1975年4月17日，红色高棉政权攻占金边之后，就以美军日益逼近、将要轰炸金边为借口，在短短几天之内，把城里的居民，甚至是医院里的病人驱逐出城。他们决定通过一次短暂而迅速的转变，废除剥削的象征——金钱。于是他们宣告没收财产，禁止拥有私人财产。并决定炸毁银行，在大街上抛撒刚刚印刷出的纸币，然而没人有意弯腰捡拾。在"真实的"生活中，运钞车里掉出的一沓钱立马就会引来人群疯抢。在这里，却不存在如此情形，因为瑞尔（柬埔寨货币）已在阳光下日渐腐烂，没有半点价值。谁捡，谁就面临死亡的威胁。旧世界似乎在反传统行动中奄奄一息。这场运动以消灭金钱为开端，以摧毁学校、医院、寺庙而告终。

　　英国哲学家兼神学家托马斯·莫尔（Thomas More）在其著作《乌托邦》（*Utopia*，1516）中构想出了一个建立在财产共享和货币废除之上的完美社会。1918年，布尔什维克党援引了书中的观点，财务专员伊万·史特帕诺夫（Ivan Stepanov）在当时掀起了一场可怕的通货膨胀风波，他让印钞机全速工作，希望借此消除贫富差距。叶甫盖尼·普列奥布拉任斯基（Evgueni Preobrajensky）评价印钞机是"财政部的机关枪，扫射着资产阶级的大后方"[1]。某些食品的价格被提高了两亿倍。苦难和饥饿

1　Niall Ferguson, *L'irrésistible ascension de l'argent*, Perrin, 2011, p. 104.

逐渐扩张蔓延。最终，货币被重新使用，一项新的经济政策也随之出台。1936年，列夫·托洛茨基（Léon Trotski）回顾这一系列事件时写道："只有当社会财富不断增长到一定程度，我们两足动物不再吝啬到不愿意加哪怕一分钟的班，不再因害怕自己食粮太少而产生羞耻心的时候，才能给予金钱崇拜致命的打击。货币一旦失去赋予人幸福又使人悲惨的能力以后，就变成一种记账的凭据，用于统筹和规划。在更远的将来，这种记账凭据或许也不值一提了。但对于这个担忧，我们可以完全交由后代解决，他们只会比我们更聪明。"[1] 在命令废除工资和金钱时，他的字里行间流露出了机械而非辩证思想的迹象。

1932年，墨西哥画家迭戈·里维拉（Diego Rivera）在底特律福特工厂创作了一幅巨型壁画，上面铭刻着："打倒帝国主义"以及"免费的金钱"[2] 这样绝妙的逆词组合。1934年，在西班牙西北部城市奥维多（Oviedo）的阿斯图里亚斯矿工中间，工农共和政权曾昙花一现：他们共享财产，宣布在被打倒前，要先废除货币。为了做进一步的说明，还要提到弗里德里希·哈耶克（Friedrich Hayek）及其门徒对金钱的斥责，他们认为金钱的集体化色彩过于浓厚，其替代品，即私人支付方式更加符合个人主义秩序。[3]

---

1 Léon Trotski, *La Révolution trahie* (1936), UGE, 10/18, 1969, chapitre IV, « L'inflation "socialiste" ».
2 引自Niall Ferguson, *L'irrésistible ascension de l'argent, op. cit.*, p. 230。
3 Michel Aglietta et André Orléan, *La monnaie : entre violence et confiance, op. cit.*, p. 100。

第三章

法国：忌讳金钱

> 在我家，任何有关金钱的心思都极其卑劣与下流。谈论金钱，在某种程度上是不知廉耻的，金钱就像是一个臭名昭著的必需品，虽然扮演的角色不可或缺，但不幸的是，即便在最让人自在放松的地方，它也绝不可能成为谈资。
>
> ——司汤达，《亨利·勃吕拉传》

> 我所厌恶的，恰是你们所希冀的，并为之感到自豪的，你们用一个庸俗的词语来称呼它：自在。自在地活着，感到自在，自在之地，我想要表达的确切意思是：人只有在自己的地盘才能感到自在。
>
> ——乔治·贝尔纳诺斯，《受辱的孩子》

20世纪60年代初，当我还是个孩子的时候，每逢周日，里昂郊外的贵族做弥撒时，都会乘坐一辆普通雪铁龙2CV。他们身着灰色系服装，以便更好地融入教民。在回去的路上，他们也谨小慎微、冥思反省，直到进入府邸的高墙后，才又重新置身于富人朋友中间，身边围绕着数不清的仆人和跑车。法国资产阶级表面上的朴素节俭很好地体现了他们与金钱的关系。

在法国，要表现得谦卑才不至于招惹穷人的嫉恨。而在美国情况则恰恰相反，炫富摆上了台面，贵族的宅邸赤裸裸地展现在众人面前，没有高墙遮拦。而在法国，这些宅邸都掩藏在树帘或是高门之后。在美国，性是最大的禁忌，而在法国，钱才是最大的禁忌。这两个国家是两个截然相反的典型。

卑鄙下流

美国人的信条是"贪婪是好事"（Greed is good），这与法国对享乐的追捧完全不同。当美国人心烦意乱于夫妻的背叛时，因"唯物主义"的胜利而深感恐惧的法国，对身体出轨显得尤为宽容，这种宽容已然成为一门生活的艺术。某个清晨，雨果惊讶地发现一位宪兵躺在宫廷画师夫人的臂弯里，上议院同事拉马丁（Lamartine）对此评论道："法国是灵活可变通的，法国人在任何地方都可以重新振作起来，即便在沙发上也一样。"英美国家脱下了假正经的面具，对我们表面上嗤之以鼻的利益虎视眈眈。我们生活的法国继承了三大遗产——封建主义、基督教、共和制，三者相互强化。法国，这个文学大国，融合了贵族阶级对贸易的蔑视和革命的平均主义。拉·布吕耶尔（La Bruyère）曾以他自己的方式预言了这次变革："肮脏的灵魂，下流又卑鄙，充斥着金钱和利益，美丽的灵魂闪烁着荣耀和美德……有这样一类人，他们既不是父母，也不是朋友，既不是公民，也不是基督徒，甚至有可能都不是人：他们是有钱人。"[1]按财产多寡划分的社会等级把人驱逐出生活的国度甚至整个人类圈子，这真是个残酷的判决。在这个判决里，应该也能解读出贵族害怕被新兴资产阶级剥夺权力的恐惧。

我们对金钱所持的任何态度都可以在卢梭和伏尔泰（Votaire）两人的对峙中找到根源。前者大肆抨击奢侈之风，控诉其剥削穷人，败坏社会风气，对正直朴素的公民大加赞赏。后者则恰恰相反，伏尔泰是经常出入社交圈的绅士，坐着四轮马车，投身于贸易和发展事业，俨然一副包容者的姿态，喜欢结交礼貌聪慧之人。我们可以引用青年让·雅克·卢梭（Jean Jacques Rousseau）在《忏悔录》中的话："我没有一项喜好是可以用钱买到的。我所追求的是单纯的玩乐，而金钱会玷污一切玩乐。"[2]但伏尔泰认为，多余的东西其实就是"非常必要的东西"："真傻，如果有张舒适的床，难道还要睡外面？"[3]对于这位《老实人》(Candide)的作者而言，安逸和干劲并非水火不容，他的一生就是明证。如果说法国所呈现的一个个镜头是在支持伏尔泰的观点，那底下的字幕则是受到卢梭的启发。富裕只能"小声嘀咕"，就像是在对大众思想做出可悲的让步。这两种不同的思想可谓是法国式辩论的缩影。

卢梭的后继者不计其数，最早是法国大革命时期（1752—1794）的红衣主教、《愤激派宣言》(Manifeste des enragés)的作者

---

[1] La Bruyère, *Les caractères*, Livre de Poche, 1976, « Des biens de fortune », Livre IV, 58, p. 280.

[2] Jean-Jacques Rousseau, *Confessions*, tome I, Folio-Gallimard, 2009, p. 35.

[3] Voltaire, *Dictionnaire philosophique*, article « Luxe », GarnierFlammarion, 1964.

雅克·鲁（Jacques Roux）。在他眼里，"富人，就是坏人"，是比传统贵族还要糟糕的败类，主张把这些害百姓挨冻受饿、如吸血鬼般的投机商送上断头台。[1]19世纪，巴尔扎克目睹了大革命搜刮掠夺和暴力转移财产的行径，他在《高老头》里就借伏脱冷（Vautrin）之口说道："只要不是正大光明发的大财，背后都是一起被人遗忘的罪案，因为做得神不知鬼不觉。"恶意破产、伪造账户、骗取遗产、剥削穷人，没什么能比描述那个时代的贪婪更会激发出法国小说家的创作热情了。1854年，无政府主义者蒲鲁东（Proudhon）抨击证券交易所（以及犹太人）时斥责其"排在学校、学院、剧院、政治集会、国会前面，比军队、法院，甚至教堂更有优先权"。同样在19世纪，抨击天主教和反犹分子的莱昂·布洛伊（Léon Bloy）声称要以基督纯洁的血液对抗货币流通的烂脓。[2]布洛伊比波舒哀的言语更加犀利，他并不认为富人有好坏之分，因为富人中根本就没有好人。就算他们对宗教活动表现得最为积极，也都还是"吃穷人的人"，把自己的富足建立在穷人的痛苦之上。即便算不上法律意义上的犯罪，他们也都还是实实在在的罪犯。"相比之下，剜去他们的双目并把他们阉割，反倒不那么灭绝人性，毕竟这可以防止他们孕育出怪物"[3]（原文如此）。1908年，发生在西西里岛（Sicile）墨西拿（Messine）的地震造成了75000—200000人死亡，夺取了数千名富人的性命，布洛伊对此拍手叫好。这场灾难让人不禁怀疑"到了地狱之门，财富是否依然能够带来种种快乐，依然可靠"[4]。对于另一位虔诚的基督教徒夏尔·佩吉（Charles Péguy）而言，金钱

---

1 Jacques Roux, « Les riches, c'est-à-dire les méchants », in *Contre l'argent fou, op. cit.*, p. 12 sqq.
2 Léon Bloy, « Le sang du pauvre » (1909), *ibid.*, p. 131.
3 Léon Bloy, « Les amis de Job », *ibid.*, p. 131.
4 Léon Bloy, « Le sang du pauvre », *ibid.*, p. 127.

作为从旧秩序中唯一存活下来的实体，第一次在历史上独立地面对上帝。[1]帮助我们衡量世界的工具"摇身变成了这个世界的物质和客体，就如同时钟变为了时间一样可怕"。它的罪恶就在于，其等价物功能助长了"现代社会大肆挥霍"的风气，这里的挥霍并不是说骄奢淫逸，而指的是"普遍存在的互换性"[2]。工人向国家奉献劳力，佩吉主张废除工资制，改为物物交换制，从而使货币退出历史舞台。[3]这无意中恰好为奴隶制的恢复做了辩护，即获取免费劳动力。面对洪水般涌来的诅咒，仅仅只有一个辩词在负隅顽抗：保罗·克洛代尔（Paul Claudel）在1950年出版的作品《以色列上空的声音》（*Une voix sur Israë*）中提出了本体论范畴内的贸易和金钱，认为两者预示了不同的精神生活。[4]他一边抨击这伪造的货币把人分为了三六九等，无视"货币让布施变得高尚"的事实，一边又借笔下人物托马斯·波洛克·那日瓦（Thomas Pollock Nageoire）之口说道："赞美那位赐给人类美元的上帝。"[5]

嫉 恨

对货币的抨击成为文化瑰宝的一部分，跨越了左右派的界限。1969年，戴高乐将军说道："我唯一的对手，法国的唯一对手，一

---

1 Jacques Julliard, *L'argent, Dieu et le diable. Péguy, Bernanos, Claudel face au monde moderne*, Flammarion, 2008, p. 122 et 155.

2 Charles Péguy, « Note conjointe sur M. Descartes » (1914), *Œuvres en prose complètes*, La Pléiade, tome 1, 1987, p. 291. 引自 Jacques Julliard, *L'argent, Dieu et le diable, op. cit.*, p. 159。

3 Charles Péguy, « Marcel, premier dialogue de la cité harmonieuse », *Œuvres en prose complètes, op. cit.*, p. 68. 引自 Jacques Julliard, *L'argent, Dieu et le diable, op. cit.*, p. 161。

4 相关评论请见 Emmanuel Levinas, *Difficile liberté*, Livre de Poche, 1984, pp. 177-178.

5 Jacques Julliard, *L'argent, Dieu et le diable, op. cit.*, p. 175.

直非金钱莫属。"1971年，弗朗索瓦·密特朗（François Mitterrand）在埃皮奈（Epinay）大会上揭露"金钱国王"的罪行："真正的敌人——我要说的也是唯一的敌人，因为一切都要从它这说起——就是垄断，之所以用垄断这个外延词，是为了表明金钱的能力，它甚至可以败坏、收买、杀害、毁灭、腐化人的意识。"对金钱本能的追求往往是可耻的，哪怕在大资本家眼里亦是如此。所以要戴着面具前行：在这方面，就如同面对各类宗教符号一样，法国人变得小心谨慎。弗朗索瓦丝·贝当古·梅耶（Françoise Bettencourt-Meyers）在对其富豪母亲疑似受到诈骗的诉讼中不就坦言称："在家里，我们不谈钱。从未谈过。"（2015年1月29日）这让人难以置信。

法国人首先反对的是收入分配不均，但他们同样也对成功持怀疑态度，总是将信将疑，认为结果都是串通好的。[1]若从这个角度考虑问题，那么税，尤其是财产税，就已经演变为一种罚款，纳税者有义务缴纳这笔税，为自己在某领域取得的成功表达歉意。在法国，成功人士若不是得益于与高层的勾结，就是私下动了手脚。这种嫉恨总是伴随着最红火的事业。在法国，若有人是"多国混血"，获得多个文凭，还在行业身居高位，定会让人惊讶不已。这就好比他克服了双重障碍：一是对移民孩子的偏见，二是在官僚主义的沉重打击下还负隅顽抗的困难。但在美国，恰恰是成功让你成为一个比美国人还正宗的美国人。2008年的金融危机只是火上浇油。法

---

[1] "52%的法国人认为，在当今社会，如果不行贿受贿，是不可能达到顶峰的。"（Yann Algan et Pierre Cahuc, *La société de défiance*, Cepremap, Editions Rue d'Ulm, 2007, p. 9.）

国"反增长计划"[1]的领头人不就提出建议，拒绝授予高收入者公民身份吗？他一边和其他人一起宣扬法定最高收入，一边提议投票，强制性放逐百万富翁和亿万富翁并剥夺他们的国籍，让他们低下傲慢的头颅，无法成为其他人的同胞。[2]另外一位哲学家却拒绝任何有关金钱的道德研究，他后悔在2007—2008年的次贷危机后，没有在屠夫的挂钩上对某些证券投机者和评级员施以绞刑[3]，而是一直怀疑这一措施的有效性。一位左派记者意识到了其中细微的差别，对此解释道："相较而言（除了杀人），疯狂的商人简直和圣战者一样危险。"[4]让-吕克·梅朗雄（Jean-Luc Mélenchon）在其作品《都滚蛋！》（*Qu'ils s'en aillent tous!*）中提议将有钱人赶出法国。这本书的封底很能说明问题："明天，数百万人将一把抓起这些权贵的头发，再也无法忍受他们把国家洗劫一空的同时，还逼迫世界第五大经济体的人民缩减自己的社会权益。这些权贵与金钱为伍，傲慢的态度让人恶心，他们不仅包括总统、政府在内，还囊括了所有的势力集团：身价高昂的企业主、将一切人性的东西转化为商品的金钱术士、一手操控企业的财政专家、给人们洗脑的传媒巨头。滚出去，快滚！出去！我希望法国掀起一场'国民'革命，从势力集团、总统专制、金钱国王手中夺回权力。"[5]

---

1 塞奇·拉脱谢尔(Serge Latouche)等人的反增长计划认为，为增长而增长对生物圈承受极限造成了极大的压力，因而是不可持续的，主张消极看待城市化和工业化，用非增长的社会来代替目前增长的社会。——译注
2 Serge Latouche, *Le pari de la décroissance*, Pluriel, 2010, pp. 195-196.
3 "2007—2008年那场所谓的次贷危机之后，若是裁剪了一定数量的贸易商、银行家和评级机构，或许我们一度会避免希腊危机，如美国倾茶事件般直接粗暴的施压。"(Laurence Duchêne et Pierre Zaoui, *L'abstraction matérielle*, La Découverte, 2012, pp. 127-128).
4 Jean-Claude Guillebaud, dans *Le Nouvel Observateur* du 25 octobre 2012, à propos du livre de Gaël Giraud, *L'illusion financière*, L'Atelier, 2012.
5 Jean-Luc Mélenchon, *Qu'ils s'en aillent tous !*, Flammarion, 2010.

作者甚至还建议实行一年最高工资350 000欧元的政策，另外还要对高收入征收100%的税收，这个极端的想法透露了左派的无能，他们无法提出可行的办法解决法国的顽疾。这场论战最终在演艺界取得了胜利。2012年，杰拉尔·德帕迪约（Gérard Depardieu）因税收问题宣布定居比利时并取得俄罗斯国籍。左派喜剧演员菲利普·托雷顿（Philippe Torreton）在《解放报》抨击他说"放弃国籍吧，拿好你的臭钱快滚"[1]之后又痛骂富豪。"滚开，你个有钱的蠢蛋"，这是2012年9月10日的《解放报》上的一则有关伯纳德·阿诺特（Bernard Arnault）的头条的标题，他被怀疑申请加入比利时国籍，随后其本人对此表示了否认。（此条头版大标题影射了2008年的农业沙龙事件，即萨科齐对一个拒绝同他握手的人说："滚开，你个穷鬼。"）有钱人上的电视节目让左派倍感恶心。"报刊栏目全是对拉加代尔（Lagardère）[2]、布依格（Bouygues）、皮诺（Pinault）、波洛莱（Bolloré）等富商以及政要世家的迷恋。媒体还坚持认为老百姓的赞赏里涌动的是对金钱的欲望，这就有点下流无耻了……"[3]此外，值得注意的是，高收入者占法国总人口的20%，其缴纳的税收却占了全国的四分之三。[4]换言之，和宣传的正好相反，恰恰是"有钱人"使得国家的财政基础有了保障。如何与我们

---

[1] « Alors Gérard, t'as les boules ? », Libération, 17 décembre 2012.
[2] 法国拉加代尔集团是世界三大出版集团之一、法国传媒巨头。——译注
[3] 引自2015年5月2日让-克劳德·吉耶保（Jean-Claude Guillebaud）在《电视观察家》里的言论。周刊 Marianne 2015.07.31—2015.08.06期的标题为：《这些下流胚子：淫秽，缺德，冒犯他人……》。文中提到沙特阿拉伯国王非法侵占蔚蓝海岸的一片沙滩，雅克·塞盖拉（Jacques Séguéla）痛斥穷人，模特伊纳·德·拉·弗雷桑热（Inès de La Fressange）践踏城市规划的规定，未经允许就在南法别墅里施工，帕特里克·德拉希（Patrick Drahi）收购媒体等事件。
[4] 两年来，法国20%最富有的家庭为国库贡献了75%的税收。财富团结税纳税总户数为331000，这个数字还在持续不断上涨。2014年，财富团结税共缴纳51.9亿欧元。（来源：《世界报》，2014年10月10日）

所鄙视的和谐相处呢？和所有人一样，我们可以在心理上划清界限，指桑骂槐。

请把我能看到的金子藏起来

禁忌不是禁止，而是重塑欲望和快乐。所有的道德宣言首先体现了某种程度的怨恨，即在欲望的驱使下，假装诋毁无法得到的东西。[1]法国——一方容纳了6500万名弱者的乐土，对皮埃尔·哈比（Pierre Rabhi）的抨击言论表示赞赏。皮埃尔·哈比，这位贫穷斗士是主张幸福节制的精神领袖，断言"金子让人变得疯狂"，认为"金钱万能的思想"让"这个星球上的美好、高贵屈从于金钱的庸俗"[2]。皮埃尔·哈比还因一番经典的讽刺言论，曾一度受到演艺圈玛丽昂·歌迪亚（Marion Cotillard）、莱昂纳多·迪卡普里奥（Leonardo DiCaprio）等艺人以及CAC40俱乐部老板的追捧。2006年6月8日，弗朗索瓦·奥朗德（François Hollande）声称："对，我不喜欢富人，我不喜欢富人，我承认。"[3]（随即，他又后悔口出此言。）他因此深得民心。他能在2012年赢得选举，全靠1月在布尔热举行的第一次竞选集会上的发言："我要对你们说谁是我的对手，我真正的对手。他没有姓名，没有长相，没有派别，他从未当选，

---

[1] 社会党发言人、法兰西岛大区议会前代表朱利安·德雷(Julien Dray)在2014年12月16日接受《世界报》采访时表示："左派想管理人们的生活，代替人们创造幸福，让我实在接受不了。我受够了左派的禁忌，甚至是嫉妒。如果我是左派成员，当看到有人开着一辆漂亮的车经过时，我的目标不是从他手里夺过汽车。我的目标是让每个人都拥有一辆漂亮的车。我不是为抢夺别人的东西而生的。我不恨富人。我的梦想是每个人都能发财。人人不再贫穷。"

[2] Pierre Rabhi, *Vers la sobriété heureuse*, Actes Sud, 2010, p. 31 et 47.

[3] « A vous de juger », émission animée par Arlette Chabot, France 2, 8 juin 2006.

却统治着国家。我的对手，就是金融世界。"

随即，他将以上种种原则抛诸脑后，推行了一项匪夷所思的策略，先是大规模宣传税收，然后又一脚刹车，不停地奉承那些为法国创造有利条件的大富豪，向退至边缘的企业发出爱的宣言。关键是这套策略赢得了左派选民的支持，他们期待着把富人的头颅插在长矛上。奥朗德也许是说了谎，但他所说的也恰是法国所期待听到的，说明他对法国灵魂有着完美的认知。1970年，戴高乐就已在《希望回忆录》(*Mémoire d'espoir*)中怀疑法国的社会关系到底积攒了多深的怨恨："每个人在意的都是自己所缺少的而不是已然拥有的。"[1]这句话非常具有托克维尔（Tocqueville）[2]的风格。尼古拉斯·萨科齐（Nicolas Sarkozy）曾高亢用力地宣称了自己对金钱的迷恋，他这种肆无忌惮的态度连贝鲁斯科尼（Berlusconi）都感到震惊，最终也导致他与法国人民分道扬镳。

随着金融危机的日益加剧，法国对金钱的谴责甚嚣尘上。他们颠倒世界，倒果为因，为市场经济幻想出一个假定的出口。对于部分无法继续维持体面生活的国人，人们将向其解释道，繁荣可耻，真正的财富源于人际关系，而非物质利益。经济危机期间，抨击谩骂金牛犊成为一项派生产业。一篇篇诋毁富人的抨击文章应运而生，富人为整个发泄愤怒并以此图利的行业提供了养料。米歇尔·潘松（Michel Pinson）和莫妮克·潘松·夏洛（Monique Pinçon-Charlot）夫妇就是个例子，他们在一本又一本著作中仔细审查上层资产阶级的生活，十五年如一日。这个调查本身是有教育意义的，也会拥有不错的销售量；他们里里外外地审查权贵的

---

1 引自Yann Algan et Pierre Cahuc, *La société de défiance, op. cit.*, p. 15。
2 托克维尔（Tocqueville，1805—1859）：法国历史学家、社会学家，政治社会学的奠基人，著有《旧制度与大革命》《论美国的民主》。——译注

生活习惯，寻找机会咒骂对方，软硬兼施。这就好比一位大主教住进深宫宅院，夜复一夜地发泄着对种种卑鄙行径的不满。这样的审查的确无可厚非，凡是大张旗鼓地表示蔑视金牛犊的，往往在内心深处是珍惜它的：伪装出来的蔑视其实是见不得人的喜欢。真正对金钱不屑的人完全没有必要表露出自己的厌恶。

有一位记者深表遗憾地指出，法国左翼政党，从利昂内尔·若斯潘（Lionel Jospin）到弗朗索瓦·奥朗德，都与金钱达成了和解；也就是说，他们不惜违背社会党的传统和之前许下的种种承诺，与敌人握手言和。[1] 这一百八十度的大转变不禁让人联想到马克·布洛赫（Marc Bloch）的作品《古怪的战败》(L'étrange défaite)，书中记述了1940年法国在与德军对抗中的溃败。国家领导人对经济现状的考量都可以与法军向纳粹德军的投降事件相类比了！这些生活条件优越并手握特权的人，其存在的意义就在于把社会的愤怒汇聚到他们自己身上。他们自行离开或是被放逐国外——在欧洲，法国和西班牙、希腊一样，成为"出口"富人（和重量级人物）的行家——随后，人们便把矛头指向中产阶级，把他们的薪酬视为一种难以忍受的优待。如此一来，2013年秋季，社会党政府计划压低（在法国为报考著名大学而开设的）预备班教师的工资，增设初中教师岗位。这项提案遭到抗议，最终并没有得到落实。但这种趋势本身是有意义的：应该尽可能地使收入更平均，争取最小公约数。仇富标准也会逐级递减：从最初谩骂亿万富翁，到百万富翁，再到富裕阶层，最后便开始憎恨起比自己多挣几百欧元的邻居。2014年7月，教育部部长伯努瓦·阿蒙（Benoît Hamon）不就把孩子在学校取得的成功比作"内线交易"吗？因为孩子的家长明里暗里帮助

---

[1] 引自Laurent Mauduit, L'étrange capitulation, Gawsewitch Editeur, 2013。

孩子在教育系统内获得更好的发展。[1]文化、学习、知识貌似都成为经济犯罪，理应受到惩罚。（教师子女通过会考的概率是92%，这是否意味着要把全体教职员工拽到审判员面前接受审判？）奥朗德总统不是颁布法令认定法国月薪4000欧以上的公民就属于富人范畴了吗？他随后申报的个人财产共计117万欧元，刚好在ISF（财富税）130万欧元的标准内。根据香榭丽舍宫2014年秋季发布的通告，奥德朗退休后每月还会领到15000欧的退休金，这对于一个富人阶级的敌人来说，可是一笔非常可观的收入。卫生部部长玛丽索尔·杜函娜（Marisol Touraine），这位高雅的大资产家，难道还辨别不出那些一方面认同"游医"的低收入，另一方面又表示任何一份努力都值得拥有一份不错薪水的"德行医生"吗？

禁止改善生活

弗郎索瓦·奥朗德的前女友瓦莱丽·特里埃尔维勒（Valérie Trierweiler）在一本讲述两人分手的畅销书中爆料，弗郎索瓦谈到穷人时，半开玩笑地说他们是"无牙佬"[2]（sans-dents），这引起媒体一片哗然：全国各大城市，就像之前调侃的"无套裤汉"[3]（sans-culottes）会一样，纷纷组织"无牙佬"游行。整个左派军队以及国民阵线都对此表示愤慨，总统的民意支持率在2014年就已大跌，

---

1 原指了解交易所内情而从中获利的违法行为。——译注
2 "无牙佬"让人联想到《悲惨世界》中靠卖牙为生的穷人，是对穷人的调侃。——译注
3 法国贵族男子曾一度盛行在膝盖以上穿紧身短套裤，膝盖以下穿长筒袜，而平民没有套裤，只穿长裤，贵族借此讥笑平民为"无套裤汉"，也称"长裤汉"。"无套裤汉"曾是法国大革命时期城市革命的主力军。——译注

随后更是糟糕。[1]他对牙齿护理的痴迷在全国成了一个笑话，这可以说是一个真正的社会标记了。正是这种痴迷分散了他对穷人的关注。我们可以质疑这种对"穷人"的爱在法国显得如此恶毒，并自问这是否就是对他们命运的放任自流。为了让穷人安于现状，便给他们戴上近乎神圣的光环。法国不情不愿地进入市场经济，咒骂着它，发誓法国与市场经济势不两立。我们的错误就在于忽视了这些谴责和咒骂，它们并不是不会对企业运作和劳资关系产生影响的。旧欧洲的魅力永远地隐居在了过去，即资本主义时期未到来之前，由古老的风俗、别具一格的礼仪和过时的仪式所构成的过去里。法国的魅力在于把贵族的价值观投射到文化领域：书籍、戏剧、绘画、电影、音乐、建筑中藏匿着对优秀卓越的渴望，对辉煌成就的崇拜。这正是艺术行业的魅力所在，从事这一行业的男男女女一边创作，一边建设自我，凭借过人才干而名声大噪。然而他们的收入却是如此的微薄，以至于这些精英形成了一个自恃清高的社会阶层，其中一些人还为国家声望服务。但这种对文学和语言的热情，对舞台和美术的喜爱与对商人不屑的成见是共同消长的。法国一方面慢慢走向自由化（虽然法国的公共开支达到了国内生产总值的57.3%，在全世界仅次于芬兰），另一方面又抨击这种互通有无的粗鲁俗气：这种言语上的伪装是为了分散注意力。

路易·菲利浦（Louis-Philippe）在位时期的大臣、1840—1848年

---

[1] 面对此番指责，奥朗德反应强烈："这次对穷人、贫困人士的攻击，对我整个生活来说，如当头棒喝……在我的所有职能、职务范围内，我一心想帮助生活困苦的人，代表他们发声……我不希望大家谈论或记录说我无视社会疼痛，因为这是一个谎言，让我很受伤……我遇到过条件最艰苦的人，备受生活折磨。他们很少顾及自己的牙齿。这标志着最深的苦难……我的外祖父是萨瓦的小裁缝……我的祖父是个老师，来自法国北部一个贫苦的农民家庭……你们觉得我会鄙视我的根以及我活下去的理由吗？"《新观察员》(Le Nouvel Observateur)，2014年9月10日。

的内阁首相基佐（Guizot）下达过一条著名的指令："富起来。"它成了过激评论攻击的目标，被视为资本主义贪财的证据。也有一些人对这句话提出质疑，因为基佐是严格意义上的加尔文派教徒，他本应该脱离政治，因为参政后的他反而变穷了。拉马丁在七月王朝时期有过一句著名的口号："法国厌倦了。"1968年皮埃尔·维安松-蓬泰（Pierre Viansson-Ponté）又重提了这句话。继法国大革命和拿破仑时代之后，这个国家变得无精打采。基佐提出的新口号做了回应："通过劳动和储蓄致富吧。"在历史学家看来，这句话可以有两种不同的解释：要么"充实法国的物质和精神生活"，要么"通过劳动和储蓄致富，成为选民"，纳税选举时期，只有最富裕的法国人才拥有选举权。[1]在这样的背景下，让人震惊的消息是，那条或许是杜撰出来的命令因涉嫌羞辱而有可能被起诉。其实这个说法本身无可指摘，远远好过反过来说"穷下去"。（财富的增长可以说是中国幸福的一个源头，就像一个世纪以前阿尔伯特·伦敦［Albert Londres］所说的那样，金钱在上海是"最原始也是最迫切的物质"。[2]）但基佐并不满足于推崇金钱的诱惑，一旦拥有了政治和社会权利，这种诱惑就成为民族文化和精神进步的前奏曲，依旧会经历鞭挞富人的这个过程；可为什么穷人会因为希望拥有更好的生活而感到罪恶？

抨击金钱的辩词一直都模棱两可：虽然曾一度叫嚣向富人征税75%——左派总将累进税和惩罚性税收混为一谈[3]，但并没怎么惩罚富人，反而更多的是促使工人阶级和中产阶级为自己想要施展抱负

---

1 参见Dominique Jamet, *Marianne*, n° 798, 4 août 2012。
2 Albert Londres, *La Chine en folie* (1922), Serpent à Plumes, 2001.
3 "加大税收力度，引导社会公正收入，平衡经济效率上的亏损，这样的税收制度是最理想的。"(Bertrand Jacquillat, *Fiscalité : pourquoi et comment un pays sans riches est un pays pauvre*, Fondapol, 2012, p. 11.)

56　　　　　　　　　　　　　　　　　　　　　　　金钱的智慧

的雄心感到羞耻。咒骂富人可比解决穷人的温饱问题来得容易，于是就警告穷人：有多大本事，就活成什么样子，不要成为空想社会的奴隶。严格合乎法律的致富渴望就这样与行贿受贿、投机倒把的行径混为一谈。

法国人对市场、自由企业心怀戒备，却想享受发达经济带来的所有优惠，如快捷运输、免费高效的医疗、住房保障、收入保障等，还不向卑鄙的"自由主义"低头。列宁讲的是原理，亚当·斯密（Adam Smith）求的是成效。法国大肆扩张公共部门，缩减私营部门，资本主义空有创造财富的能力，却没有资本作为支撑。在法国，钱往往是有异味的，它是人类污水池的数学表达式。左拉不也在小说中数次表示，钱既是污秽又是不可缺少的肥料？

罗伯斯庇尔时期的伪君子

任何一个伦理学家都可能在某一天沉溺于自己所揭露的放荡生活中，被曾经厌恶的东西所吸引。受人推崇与受人唾弃的道德之间甚至还存有某种内在联系：真正的道德谦虚又低调。美国政治社会专栏上的文章全都在教人改正错误，牧师、传道人、政治家被号召起来反对色情、卖淫、通奸和毒品，可人们却在某一天发现他们躺在应召女郎或者未成年人的怀里，鼻孔里满是可卡因。他们之后一定会在悔恨中度过，并手按《圣经》起誓不再重蹈覆辙。莫尼卡·莱温斯基（Monica Lewinsky）的丑闻就是隐藏在说谎可耻这一大背景下的典型性神经症。北美清教主义可能只是一个烟雾弹，他们的目的在于防止色情行业破产，并继解放风气之后，激起萎靡不振的性欲。[1]当一切都唾手可得时，就不再会有什么欲望了。

同样，法国对金钱的反感也难以掩盖金钱偶像的吸引力，多起腐败案屡屡曝光。第五共和国时期，没一个政府能躲过财富丑闻（欺诈、洗钱等），就连自称是模范代表的奥朗德政府也包括在内。其中最具戏剧性的是预算部部长杰若姆·卡于扎克（Jérôme Cahuzac），他曾向国民议会发誓自己一个国外账户都没有，2013年这一谎言却不攻自破。最滑稽的要属在2013年短期任职过对外贸易国务秘书的托马斯·萨文努（Thomas Thévenoud），他一边呼吁逃税者"自我忏悔"，一边又因未缴纳任何税款、租金及罚款而饱受"行政恐惧症"的折磨。没什么大不了的，这又不会危及生命，只不过是认可金钱并学会如何使用而已。我们妖魔化了金钱，像可耻的欲望般，任它秘密地掌握主动权，在暗中死灰复燃。的确，法国的高官享有近乎独裁的特权，常常认为自己凌驾于法律之上。值得一提的是，瑞典自1766年制定了部长、议员、普通公民的收入透明准则后，偷税和丑闻事件就再也没有发生过。也不要忘了著名的"瑞士三角巧克力"事件，即1995年社会党政府二把手因刷公家信用卡买巧克力而被迫辞职。从斯堪的纳维亚国家的这种不妥协中，在背叛金钱规则的深渊面前，我们还可以读出某种密谋行动和强硬态度。

有名无实的天主教一直渗透在法国人与金钱的关系中：法兰西民族和其他民族一样，崇拜金钱，却死不承认。1988年，米歇尔·罗卡尔（Michel Rocard）曾在《星期日报》（*Dimanche*）上写道"如今法国生了金钱病"。这是一个奇怪的口误，因为昔日的法

---

[1] 我曾在《无辜的意图》中做出过这个假设。*La Tentation de l'innocence*, Grasset, 1995.

国和如今一样，因仇富心理、过度负债、激涨的失业率早已卧床不起。对于一个安于舒适且享有各种福利的现代民族而言，这些高尚的宣言并不能代替政治，而且在没有造成极大损失的情况下，政治也绝不允许缺席。往往是在缺钱的时候，人们才会抨击金钱国王的统治。欧洲，尤其是欧洲南部，在失业、经济衰退、财政赤字中苦苦挣扎。当国家、公共财政和个人缺钱时，我们同胞的恐慌主要来自社会地位的降低。只要还能享受财富带来的优势，我们就可以流于形式地谴责财富。2010年12月7日，前足球运动员埃里克·坎通纳（Eric Cantona）呼吁法国人注销他们的银行账户，以推翻金融体制[1]，这引起了一阵金融恐慌（当时他妻子拉奇妲·布拉克尼［Rachida Brakni］还是里昂信贷的代言人）。我们已经见识过了资助苏联的红色企业主，现在又来了一个百万富翁，斥责富人，却不动自己一分一毫的储蓄。和惬意地沐浴在这个制度中比起来，口头上表示对该体制的仇恨已经算是激烈的了。这就是媒体的姿态和欺骗伎俩。法国人不是视奢侈品为粪土的苦行僧，而是一个假装珍爱苦难、实际贪图享受的民族。这个享乐主义至上的国度喜欢把自己包裹在严厉的冉森派教义的粗布衣裳里。哲学家阿兰·巴迪欧（Alain Badiou）指责伏尔泰是一个"奸诈狡猾、唯利是图的商人，一个富有的、多疑的、追求享乐的投机者"。从《老实人》作者的财富中，巴迪欧看出了其中暗藏的卑鄙行径。[2]

若一个民族无视金钱以及金钱带来的好处，这表明他们想抛弃整个民族的历史。这也就说明该民族不相信自己。法国和其他许多国家一样，经历过两种价值体系：宗教改革的福音和资本主义的

---

[1] 埃里克·坎通纳（Eric Cantona）表示："金融体系主要围绕着各大银行运行……为了使其彻底坍塌，你去银行把钱取出来。"
[2] Alain Badiou, « Le rouge et le tricolore », *Le Monde*, 27 janvier 2015.

铁律，这是两种相对的价值论体系。一个描述了我们希望看待自己的方式，一个针对的是我们必须适应的现实。表面上看来，这两者是互不妥协的，即便每个人每时每刻都会经历这种妥协。共和国准备通过赞美种种伟大的精神来强化平等主义思潮，即捍卫丰富的文化、文学、艺术资源，这其中不包括商品。人们对此举双手赞成。但物质上的宽裕会成为精神生活的敌人吗？

纸币现象学

心理学家提出疑问，人为什么不愿意把一张100欧元整的纸币打散成五张20欧元的纸币？因为这种情况会强化失落感。我们把数字划为好几个等级，大额纸币本身比由小额纸币凑成的总额更有价值。这彰显了大额数字的尊严，正如衣着华贵的官员代表了一个兵团的整体一样。到手的纸币呈现出两种形态：要么像抹布一样皱巴巴，要么像干净的衬衣一样平整鲜亮，散发着新鲜墨汁的气味。再细分，纸币要么被折叠起来，要么被卷成球。有人细心地整理好纸币，放进钱包，也有人把纸币随意地塞进口袋。我们喜欢留下新币，先把旧币花掉。[1]在这种情况下，脏的钱就是旧的钱，皱皱巴巴的，且经多人之手，而干净的钱则是刚被印刷出来的，我们可以自认为是新钱的唯一持有人。金钱持有者还会有一种荒诞的感觉，而且只有第一个

---

[1] 见《消费者研究》(*Journal of Consumer Research*) 2012年10月刊。参见 Pierre Barthélémy, « Le billet craquant vaut plus que le mou », *Le Monde*, 24 décembre 2012。

占有者才能感受到，那就是即便在花钱的时候，它只是从手里过了一下，都会让我们兴奋不已。金钱不像物品，会通过形状或者实体物质给持有者的心灵留下点什么。金钱本身是毫无生气且不带感情的。喜爱大数额的我们却想把它握在手里。很多人喜欢在口袋里感受钱的存在（专业术语称作la fraîche），它们给人一种光滑的手感，因价值不同而硬度不一。我们给它取绰号，起诨名，印有布莱士·帕斯卡尔头像的500法郎老式纸币叫Scalpa，西班牙的500欧元叫本·拉登（Ben Laden）。金钱所隐含的内容让人对其产生好感。于是金钱有了载体，在我们的指间呼吸。它说：只要我在，你就一切安稳。

不像被信用卡塞得鼓鼓的皮夹子，零钱包小巧而干瘪，一眼就可望到底，是零钱的聚集地。在拜占庭，圣婴基督被比作妈妈子宫里的货币：圣母马利亚的子宫是一个装满金子的保险箱。[1]钱币是我们可以用来挥霍的金钱。当储蓄罐或瓷或铁的肚子里的小上帝发出叮当的声响时，就像耳边萦绕着甜美的音乐。一分一厘再凑回固定的数额，让人乐此不疲。罐被打翻时，硬币互相撞击，如枪林弹雨般作响，随后就传来掉在地上的破裂声。如果这些钱币可以用来结清款项，它们就把债务重担具化成了一个非常厚重的实物。通货膨胀：可以说是小额纸币重新变回五颜六色的废纸。（注：20世纪20年代，奥地利和德国的"货币币值下降"，一个鸡蛋卖到了40亿马克。斯蒂芬·茨威格［Stefan Zweig］说，一份同样的报纸早上要价5万马

---

1 Marc Shell, « L'art en tant qu'argent en tant qu'art », *op. cit.*, p. 109.

第三章 法国：忌讳金钱

克，当天晚上就涨到了10万马克。早上10点和下午5点的汇率可以有10到20倍的差距。[1]）这些纸币经过数百人之手后，变得又软又瘪，最终汇聚在废品回收站：破烂不堪，不再让人鬼迷心窍。最终，它们只是"没有任何价值的一捆纸"（加尔·布雷斯［J.K.Galbraith］）。即使这些"江洋大盗"，这些虚拟金融世界的天才以抽象的形式活动，但财富也绝不会变成屏幕上的一串数字；它还是会物化为成捆的纸币、珠宝、高级手表、钻石等；小偷不会搞不清楚这一点，出于准确无误的本能反应，继续向银行、资金运输、珠宝业发起猛攻。他们可不会偷窃一个纯粹的想法！当源源不断的纸币快要撑破口袋、外币也在钱包里不停膨胀时，金钱就会以类似眼镜、电话、假体等可触知的形式呈现。硬币——这名字起得可真好——小巧又便于使用，是货币的物质性存在。金钱是我们需要感知才能相信其存在的一种虚拟物品。

---

[1] Stefan Zweig, *Le monde d'hier*, Livre de Poche, 1996, p. 366.

第四章

美国：神化货币

> 宗教就是相信所期待的，对未知不抱有一丝怀疑。
>
> ——马丁·路德

表面上，美国的一切都黑白颠倒。在美国，上帝喜欢富人，不喜欢穷人。这个共和帝国毫无顾忌地拥抱金钱。更有甚者，它好像在国家和美元之间建立了一个近乎神化的联系，因为每张纸币上都印有一句名言"我们信仰上帝"（In God we trust）。怎么去理解它呢？大家都知道这条格言是对南北战争精神创伤的回应。1864年它曾出现在2美分的纸币上，随后在1907年，西奥多·罗斯福（Theodore Roosevelt）总统以亵渎圣物的罪名将其撤销。一些议员对此大加赞赏，庆幸上帝不再掺和世俗交易，另一些则因这次撤销事件懊恼不已。佐治亚州（Georgie）的议员认为政府本不应该打击"没有宗教信仰的货币"[1]。1950年，艾森豪威尔（Eisenhower）恢复使用这句格言，给所有的硬币和纸币都印上了这一宗教用语。这位美国大选的特殊见证人把给货币做标记升华为了一项至高无上的举动！美国——一个上帝和子民结为同盟的国家——的出现就是"为了赎回世界，还给世界自由和公正"（伍德罗·威尔逊［Woodrow Wilson］），从而翻开历史的新篇章。

皮夹子里的上帝：€/$

货币彰显了美国非同一般的命运：印有开国元勋肖像和刻着国玺的美元使得金钱成为某种公正的判决，只不过这种判决会因钱币面值的改变而改变。财政部秘书约翰·康纳利（John Connally）在1971年有一句名言："美元是我们的货币，却是你们的难题。"[2]它不过是美国霸权的证据。如此说来，这种作为国际储备金的货币和黄金一样好用，确确实实把世界复杂化了。正如米尔顿·弗里德曼（Milton Friedman）在1988年所说的那样："为什么要担心（美国靠贷款生活）？赤字可是按美元而不是按英镑或法郎计算的。再不济，钞票的印刷也是由我们掌控。"[3]这个国家之所以有能力承受将近20亿美元的债务还没有引起太多的麻烦，是因为到目前为止，债务人

---

1 Viviana A. Zelizer, *La signif i cation sociale de l'argent*, préface de Jérôme Bourdieu et Johan Heilbron, Seuil, 2005, P.50. 让-约瑟夫·戈克斯(Jean-Joseph Goux)认为美国抛弃金本位，或将上帝退到了次要地位，加强了国家对公民生活的管控。货币无神论为政治无神论开辟了道路。(Jean-Joseph Goux, *Les monnayeurs du langage*, Galilée, 1984, pp. 188-190.)

2 原文：The dollar is our currency and your problem.——译注

3 《世界报》,1988年11月8日刊。引自 Bernard Maris, « L'argent du riche et l'argent du pauvre », in Roger-Pol Droit (sous la dir. de), *Comment penser l'argent ?*, op. cit., p. 335.

1美元

和债权人似乎是同一个人。

不同面值的美元拥有同样的票面尺寸,这是个谜,因为对于世界上任何一种货币而言,面值不同,其颜色和表面图案也不同。美元在这点上往往没什么差异,这或许是要表明,无论票面数值是多少,支付方式都同等神圣:上帝无处不在,哪怕是最小面值的钱币。美元的颜色单调,却与抓着和平和武力的白头鹰、拉丁文格言 *E pluribus unum*(合众为一)以及金字塔上方三角形里的眼睛(这是共济会的标志)极为相衬[1]:这不是一幅画(尽管对于安迪·沃霍尔[Andy Warhol]来说是的),而是不断重申的创举。货币的威严和严肃性意味着赚钱并不是低俗的娱乐,而是一件至关重要的事情。没有人需要灵魂的补充,灵魂就在钞票里。美元是一纸圣餐。

美元和欧元形成了鲜明的对比,后者具有不同的图案、尺寸、颜色,其背景图案也不再是古老大陆的伟大人物,如西班牙货币比塞塔上的塞万提斯、意大利货币里拉上的达·芬奇、德国货币马克上的歌德、法国货币法郎上的帕斯卡尔或者黎塞留

---

[1] 关于美元的设立,参见 l'excellent livre de Malek Abbou, *Fondements métaphysiques du dollar*, Fage Editions, 2012。

第四章 美国:神化货币

（Rechelieu），而是以欧洲地图为背景的桥和拱门。欧洲已然成为一个无比宽敞的会客厅，邀请世界各地的人民来这个无国界的空间欢聚一堂。这种抽象的表达多多少少还是少了些花里胡哨，见证了它们从人民的非肉身化表象出发，想要建立一体化政治的意愿，其中的人民也是一体化政治的组成要素。欧元是一个直观的矛盾载体，它试图从整体上呈现出热情好客的一面，即便每枚钱币的背面保留了各个国家的象征。欧洲所建立起来的共同体是希望减少成员国数量，而非降低成员国之间的协作程度。这就是欧元流通十六年以来非但没有一直处于支配地位，反而蓄积了如此多竞争对手的原因。不过这些纸币也讲述了其发行国家所处社会的荣耀和憧憬：例如，瑞士借此颂扬了建筑师、音乐家，如阿尔蒂尔·奥涅格（Arthur Honegger）、勒·柯布西耶（Le Corbusier）；英镑上刻有伊丽莎白（Elisabeth）女王、查尔斯·达尔文（Charles Darwin）、亚当·斯密或是伊丽莎白·弗莱（Elizabeth Fry）的雕像（慈善家伊丽莎白·弗莱曾在19世纪帮助改善囚犯牢狱生活）。金钱彰显了一种文化的广博，一段历史的伟绩。在这个时代，美元融合了垂直性与包容性，作为被上帝选中的货币，它铺满了全世界，而欧元则是水平性和封闭性的结合：纹章图案没有人的肖像，正反面都是桥梁和巨型广场，借此呼吁人类的团结统一，可这并未在世界范围内得到认可。德国社会学家乌尔里希·贝克（Ulrich Beck）在理论上将欧洲称为"实体的虚无"（vacuité substantielle），他仔细研究过机场和火车站大厅，认为它们是虚无的社交场所，后来又改称为世界主义的场所。通用货币意味着超国家性主权的丧失，任一经济行为，一旦与政治行为脱节就会被宣告破产。[1]即便存在多个发行机构，可谁也无法对此予以担保。欧洲非常希望能够与美国抗衡，但因一心想走出历史（尽管现在又深陷其中），并没有神化他们的支付方式。公正地说，欧元发行之初并没有官方的庆祝仪式，这表明欧元严重缺乏象征意义。[2]为了便于技术层面的操作，人们忽视了集体的庄严感。欧元的诞生意味着各个国家货币的不复存在，让所有人产生了一种被剥夺的感觉。

相反地，美元可从两方面追根溯源：一是过去开国元勋的肖像，二是天堂造物主的保佑。再小的交易都可通过上帝的赐福来赎罪。在美国，经济是神学的一个分支。理查德·尼克松（Richard Nixon）之所以在1971年终结"布雷顿森林体系条约"，将美元与黄金区分开来，是因为美国已经拥有了一套金本位，即上帝本身。在北美，祷告和繁荣相辅相成，物质主义也往往带有宗教色彩，因为它受到了万神之手的庇佑。在美国，上帝最忠实的信徒是商人，反过来说也一样成立（众神父在任职期间，不知廉耻地在把生意做到了大教堂，人们还能购买"prayer as you go"这类可打包带走的祈祷语）。美元的霸权地位证明只有民族国家——无论大小——才能在最后关头保持独立自主，这与国家终结时的自由或无政府主义神话完全不同。金钱不会消灭政治，它是政治的一个衍生物。美国用美元锻造出了一个真正的神化了的货币。

欧元的内在性与美元的超验性针锋相对，欧元仍旧在绝望中寻求它至高无上的地位。美元是神圣出色的货币，欧元是半成品式的

---

[1] 关于这个话题，参见 Marie Cuillerai, *Le capitalisme vertueux. Mondialisation et confiance*, Payot, 2002, pp. 111-112。

[2] "欧元流通的各个国家政府没有抓住历史机遇，在欧盟诞生之日引入法定货币的概念。"(Michel Aglietta et André Orléan, *La monnaie : entre violence et confiance, op. cit*., p. 312.)

平庸货币。欧盟成员已自发地将各自的部分主权移交给位于布鲁塞尔的欧盟总部。但是，由28个国家组成的欧盟并未重建成一个新的联邦国家：它仍旧是个市场，没有政策方案，也没有政府和军队。欧盟只能统一香蕉的规格以及28个成员国巧克力的产品成分。一旦涉及国家决策，往往还是交由各成员国政府自行处理。欧元的脆弱性恰好是欧盟犹豫不决的表现。因此，法国乃至整个欧洲大陆都难以像美国，或者中国、俄罗斯、印度以及巴西（其中一些还被称作是创造历史的国家）那样，从集体目标的角度出发考虑未来。美国日渐强大，欧洲却还在追忆过去。它们走了一样的规划道路，欧洲却酿成遗憾。

蓬勃发展的新式教堂

1913年，弗洛伊德把金钱和性联系到了一起，这两个客体的两面性要求心理学家向病人索要自由职业者的酬金后，才能帮助病人打破在情爱方面的沉默。[1]这一论据不由让人质疑在一个领域表现出来的诚挚并不一定会在另一个领域得以体现。证明如下，一向言语轻佻的法国人对财政方面的话题却闭口不谈；美国人谈及收入时滔滔不绝，可聊到私事或遇到像敏锐的昆虫学家一样对私事刨根问底的人时，他们也会三缄其口。近三十年来，美国校园性犯罪事件频发到令人发指的地步，其中还包括亲密关系间的性骚扰或强奸事件。双方是否为自愿以及年龄大小都没有纳入考虑范围。任何侵犯行为都是一场潜在的谋杀，开辟了通向最恶劣的敲诈勒索犯罪的道路。当男女双方处于潜在的敌对状态时，法官、律师以及必不可少

---

1 引自Ilana Reiss-Schimmel, *La psychanalyse et l'argent, op. cit.*, pp. 95-96。

的第三者就要介入其中。美国教导女性当心男性，因为他们暴力且粗鲁。

美国人把对性欲的怀疑转变为对金钱无节制的迷恋[1]，这种迷恋反映了造物主对美国人的仁慈。加尔文教提出了一个引人深思的问题：既然我们都得到了救赎，那做善事是为了什么？既然我们已经被判了罪，那钳制住那些罪恶又有何意义？教义虽没有对此进行自我辩护，但结果已说明了一切。即便给出的答案不是无可辩驳的，但至少也回答了个大概。如今的美国出现了一种偏差，这出乎马丁·路德和加尔文的预料，美国富人开始创立一种伪宗教，为他们提供实质性的救赎。看看标准石油（la Standard Oil）创始人约翰·洛克菲勒（John Rockefeller，1839—1937）在20世纪是怎么说的吧："上帝给了我金钱，我坚信赚钱的能力是上帝的恩赐，我们要培养这种能力，并结合自己的聪明才智充分发挥这种能力，谋取人类的利益；拥有这种能力后，我认为我的任务就是赚钱、赚钱再赚钱，然后用挣来的钱为我的同胞谋取利益，这才算是遵从了我的内心。"[2] 1987年11月27日，记者弗朗索瓦斯·吉鲁（Françoise Giroud）在《新观察家》报中也说道："在美国炫富就像猴子秀自己的性器官一样，看谁最厉害？"对于这个问题，他更偏爱法国的伪善。[3] 相反地，在美国，贫穷不可能得到上帝的赏识，这就是美国一直徘徊犹豫，迟迟不肯建立一个欧洲式福利国家的原因，即便美国本身也具

---

[1] 全国1%的富人掌控了近乎33%的财富，这个比例是"二战"以来的最高纪录，而中产阶级的收入却一直在缩减或是原地踏步。参见Robert Frank, *Richistan*, Crown Publishers, 2007, p. 242。

[2] Interview de 1905, 引自Peter Collier et David Horowitz, *The Rockfellers*, Holt, Rindhart and Winston, 1976, p. 48. 引自 Pascal Morand, *Les religions et le luxe, op. cit.*, p. 66。

[3] 引自Raymonde Carroll, « Une histoire de singes et de malentendus », *Communications*, n° 50, 1989, p. 197。

备一套援助体系（12%的人口享受了福利国家的待遇）。美国一方面提到富人把自己的财富归功为神的旨意；另一方面，又要解释穷人之所以穷，是因为他们命运的轮盘停止了转动。面对困境，穷人只能怪自己，而不是寻找替罪羊。米尔顿·弗莱德曼（Milton Friedman）解释道："对于穷人，我们最好是放任自流。"别忘了美国还经历着种族问题带来的苦难，正如前世界拳击冠军拉里·霍姆斯（Larry Holmes）说过的一句名言："黑人的生活很艰难，你从未当过黑人吧？过去，当我穷困潦倒的时候，我就是个黑人。"

对新教徒而言，渴望贫困则是邪恶的苗头。美国资本主义精神领袖本杰明·富兰克林作为一个蜡烛生产商的儿子，不就曾抨击过"那些在修道院的禁欲者是荒诞的自虐者"吗？[1] 僧侣和乞丐玷污了上帝的荣耀，没尽到关爱同胞的义务。在美国，致富是一项爱国义务。总统库利奇（Coolidge）在20世纪初就说过美国最伟大的事业就是商业，这是向造物者致敬，并让其创造物日益繁盛的唯一方式。反过来看路德教的戒律：与其说金钱是对美德的奖励，还不如说美德就是炫耀金钱。19世纪末，那些"强盗大亨"[2]在一阵搜刮掠夺之后最终都会选择慈善事业，其中不乏有人想借此自吹自擂，例如洛克菲勒；同样，也有人心怀不轨，比如安德鲁·卡耐基（Andrew Carneige）。

北美新教又在用抨击罗马教廷那一套重申救赎的观点。财富和世间的幸福是对个人生活方式的馈赠。富人的这种自我推选未免显得有些狂妄自大，毕竟它触及了宗教的本质。用一个地理上的例子

---

[1] Benjamin Franklin, *Avis nécessaire à ceux qui veulent devenir riches*, Lux, 2012, p. 117.
[2] 这个词出现于1871年的《大西洋月刊》，指的是那些工业巨头，他们疯狂剥削工人，贿赂官员，控制国家资源和破坏竞争。西奥多·罗斯福总统形容他们为"强盗大亨"，并对他们的垄断进行干预。

来阐释这种令人不安的反传统就是华尔街。这是纽约曼哈顿一条安全系数极高、周围高楼林立的狭窄干道，一端通向三一教堂（Trinity Church），即一所由美国新教设立的教堂。人们可以从中看到守护商业之神的象征，以及保佑世俗银行家的神灵财神。但同时它又证实了纽约证券交易所把上帝弃置在一间位于街道尽头的小教堂里，美元成为神圣的物质。这个问题没有答案，因为没人可以下定论。

幸运精子俱乐部

继承人的可悲之处在于，他仅仅只经历过出生之痛。作为"幸运精子俱乐部"[1]的一员，他的生活已被咀嚼，并预先消化了一番。不敢恭维的"富二代"处处都显露着阶级的傲慢，自以为凌驾于命运之上，能践踏法律，一遇到困难，就确信爸爸妈妈会赶来救场。这就是为什么他们中有那么一部分人把福气转为厄运，沉溺于毒品和犯罪。正如男爵夫人罗斯柴尔德（Rothschild）在20世纪初说的那样，对于这些人而言，"他们应该为自己拥有得比常人多而请求得到宽恕"。安德鲁·卡耐基表示"一笔巨大财产的转让对于受益者来说是不可承受之重，很少有人会把这笔财产用在刀刃上"[2]。当人们成为亿万富翁时，会分给子

---

[1] Robert Frank, *Richistan, op. cit.*, p. 118.
[2] "也有一些百万富翁的子女没有被幸运宠坏，他们虽然富有，却为社区提供了很好的服务。他们好比地球上的盐，非常珍贵，但不幸的是，这样的人实为少见。"（Andrew Carnegie, « The Gospel of Wealth », *North American Review*, 1889 ; article réédité sous le titre *The Gospel of Wealth and Other Writings*, Penguin, 2006, p. 6).

女多少遗产呢？哪怕是其中的1%—2%，对于普通家庭而言就已然是个天文数字了。2014年，有2325位亿万富豪，2019年则会有5300万个百万富翁，因此继承者的市场非常广阔。应该让继承者自懂事之日起就对这笔能够将他们淹没的飞来横财习以为常。这就是为什么有那么多的富翁（斯汀、比尔盖茨）不愿把遗产留给子女，而把钱投资给慈善事业。我们都熟悉这些老生常谈的故事：兄弟姐妹设计卑鄙的圈套，像秃鹫一样站在高处，等待着公证员的决议和遗书的公布。他们满心期待，期待亲生父母的死去。

浮士德（Faust）把灵魂出卖给恶魔墨菲斯托菲里斯（Méphistophélès）来换取一切享乐，这样的他缺失了什么？准确的回答是：他缺失了沿途的美景、努力的高贵品质以及经过一番奋斗后实现的奇迹。只有通过自己的劳动挣来的钱才是有价值的。要是我们所有的愿望都实现甚至是提前实现了，那我们未曾活过就已经死了。任何一个人，没有经历过打击，没有体会过饥饿和干渴，就绝对感受不到胜利的喜悦。除非出生在一个大家族，作为家族的儿女，得竭尽一生从祖先那里继承姓氏，并让它真正属于自己。唯一能够代代相传的是精神，是知识，是人性的爱。

但子承父业对继承者来说并没有强制性：他可以转行，可以放弃父辈那安逸舒适的工作，另辟蹊径。作为德国钢铁工业巨头的儿子，哲学家路德维希·维特根斯坦（Ludwig Wittgenstein）在1913年放弃了财产，让渡给自己的兄弟姐妹。继承往往意味着分裂。同样地，反叛者若一心要打破压力，反而会助长其气焰。自认为与家族脱离了关系的反叛者，却还饶有兴致地重申甚至是强调继承顺序。太多的革命最后都演变成从一个专政更迭到另一个专政。人们不想服从，可后来还是服从了，人们想一表忠心，却不由自主地创造了一段新的历史。甚至连最丰厚的遗产都有不确定系数，即自由系数。

克服民族神经症

每个民族只有抛开成见才会强大。如果说法国曾是一个禁欲主义盛行的国家，我们倒是可以理解他们视金钱为粪土的意愿。但巴黎不是斯巴达，它是奢侈品，是时尚之都，它大肆宣扬的超脱于物质主义的价值观在日常生活面前站不住脚。给对物质、享乐的偏爱披上道德的外衣，才能更好地被美国接受。我们的公共建筑是旧制度时期留下来的宫殿，共和国部长坐的是路易十四的镀金扶手椅。要想让这些卑劣的金属贬值，就得对功绩、工作、仪表、优雅的品位以及对美好事物的钟情表示不屑。简而言之，就是要摧毁所有的民族遗产，进而打造出一个脱离我们天性的禁欲乌托邦。因而，找到并摧毁公共建筑也变成顺理成章的事情。既然说美国人崇尚金钱，那他们感到自己的财产被一小部分人倾吞时自然会怒火中烧，昙花一现的占领华尔街运动就是佐证。总统奥巴马也曾多次告诫美国梦最后会在诸多不平等之下走向破灭。美国打着资本主义的旗号，冒险重走欧洲的封建之路，大财阀成为新兴贵族阶级，他们既没有得体的举止也没有尊贵的血统。在欧洲人——无论他是右派或左派——看来，美国式的教育体制和医疗体制花销高昂，仅供最富有的人享受；华尔街与国会、白宫近乎乱伦的关系成了丑闻，隐藏着不为人知的内幕。

在美国,只有救世主式的爱国主义和对宗教的笃信才能压制住个体对安逸享乐的欲望。这两者会在危急时刻把国家凝聚起来。要是这黏合剂有一天裂开了,那或许会引起一场暴动,并在全民(3亿)泛滥的武器中愈演愈烈。一旦抛开神学的政治背景,美国就会土崩瓦解。托克维尔曾说过:在美国,穷人和富人都同样不安地渴望物质上的享受,还总担心失去。[1]他忘记补充的是,这些渴望也蕴含着对祖国的热爱,促使每一位公民成为保家卫国的战士。法国和美国一样,克服各自的神经症是一件很复杂的事情。同样地,法国人既有蔑视经济的传统,又有赞颂商业和工业的传统,从孟德斯鸠、圣西门到伏尔泰、托克维尔、弗雷德里克·巴斯提亚(Frédéric Bastiat,1801—1850),以及马克思主义产生之前的空想主义领袖夏尔·傅立叶(Charles Fourier)均如此。傅立叶,这位财富颂扬者反对一切社会主义传统,在他看来,美好的金钱可以表达情感上的兴奋,他数次撰文称赞"对黄金、对源源不断的财源的渴望"[2]。蒲鲁东曾说过"财产就是盗窃"这一名言,却又自相矛盾地颂扬过投机倒把行为,称赞股市扩张了集体财富。

可为何在法国有保留地承认金钱之后,金钱却遭到谴责,在美国定额分配金钱之后,金钱又受到赞扬呢?这主要与各个社会的主流价值观有关,法国自认为是一个普世价值观盛行的国家,致力于精神和文学艺术;美国则自认为是一个机会遍地的国家,每个人都

---

[1] Tocqueville, *De la démocratie en Amérique*, tome II, GarnierFlammarion, 1993, chapitre X, p. 181 sqq.

[2] "每当有新发现公布时,所有人扯着嗓子问的第一句话就是:会不会有钱赚?为了满足这个主导他们的欲望,我必须强调相关的利益好处。"(Charles Fourier, *Le nouveau monde amoureux*, Presses du réel, 2013, p. 166.)

有权像自己期待的那样发家致富。在法国，民族认同感的建立关乎一门令人崇拜的语言，一份对精神的追求，以及一个希望对全世界表达自我的意愿；在美国，则关乎对边界的崇拜，对超越自我的渴望，还有美国人对靠挣钱向国家致意的肯定（这个国家见证了每个美国人的出生，对他们的到来敞开怀抱）。

每个民族，无论是来自大西洋的哪一边，都想要兼顾这件自相矛盾的事情。对所有人提供社会保障，这方面欧洲比美国做得好；在获得社会福利的权利、社会和职业的流动性、就业保障等方面，欧洲都要优于美国。美国人已神话般地树立起"白手起家"这一形象，这个普罗米修斯般的存在摒弃过去，成为自己遴选出来的造物主、自身作品的继承者。金钱由此变成了自由而非传统的符号。在为数不多的国家中，集体推崇的圣物把所有公民凝聚在一起，不受种种单一的市场法则所支配，美国就是其中之一。这个国家吸引我们但又让我们害怕的就是道德保守主义和超现代性：在美国许多州，死刑的保留反映了法律条文的严谨审慎；社会契约中的合法暴力无法抑制无处不在的感性主义；禁欲主义与性行为并存，令人震惊的诸多不平等与有所作为的渴望并存，家庭传统主义与新事物的吸引力并存。正是这种老套的方式把美国紧紧团结在一起。欧洲则恰好相反，它只不过是一个没有政治抱负且充满商业气息的地方。欧洲从头到脚彻彻底底地沉溺在消费享乐中，没有将这种愉悦升华到一个高度。法国对金钱的双重性尤为敏感。美国崇尚金钱，并通过对爱国情感的界定和严苛的宗教限制来规范这种崇尚：美元致力于捍卫美利坚民族的崇高品质和加尔文派所尊崇的上帝的荣耀；这样的美元多愁善感又勤勤恳恳。

我们对金钱的斥责具有两面性，一种声称金钱有利于更好地共享成果，另一种则揭露了金牛犊的存在，并渴望其消失。我们一直在这两者间踌躇徘徊：财源滚滚时，我们会控诉金钱卑鄙的物质性；捉襟见肘、危机来袭时，我们又会痛斥整个金融体系。[1]这里有两种假设：若资本主义繁盛发展，我们会臣服于充斥着丑陋与卑鄙的社会；若资本主义蹒跚不前，我们会奋起抵抗重新浮出水面的不公正行为。我们看重的是物质财富本身：有钱才有自由，同时又不希望每个人都有钱。这种犹豫不决就是我们情绪矛盾的标志。

大多数人都将成为新教徒（或者至少有从清教改教而来的新教徒扎根于美国），他们相信金钱的种种美德，并奉金钱本身为美德。这里所说的美德并未抹杀其中的政治因素，正是政治使得货币合法化，以此影射国家实力。要是欧洲当初掌握了某种最高权力，欧元就不会经历一场这样的危机。对于卢梭提出的问题——奢侈和舒适会泯灭人类心中对自由的渴望吗？——美国人的回答是不。他们在全世界各个角落施行干预主义，这样的干预有时是灾难性的，有时又是不可或缺的。美国在世界进程中充当"临时警察"（理查德·哈斯［Richard Haass］）正是明证。托克维尔错误地将本国公民形容为舒适生活的奴隶，认为他们随时可以为此牺牲自己的自由。一旦形势需要，美国人就会搁置对贸易的热情，选择参军（也许他们也能从中获得经济利益）。美国人曾不下三次拯救过全世界的自由（1917年、1944年的反纳粹战争以及1948年的反苏联斗争），如今，美国正打算联手法国、俄罗斯和英国共同抵制恐怖主义。在美国，日益繁盛的市场经济呈扩张之势，并未打消被压迫者的担忧，化解奴隶的仇恨，甚至还有可能把这类情绪推向极致。由此可推论出以下公理：一个责骂金钱的民族是一个没有信誉并对未来不抱有希望

---

[1] 全美国1%的富人收入占全国总收入的22.5%，0.1%的美国富人占有全国10%的收入。二十年前，这个比例是2%，也就是说，美国的富人赚取了高出平均工资100倍的收入。（来源：Thomas Piketty）

的民族。当我们迷失在通往目的地的道路上时，就会无端指责脚下的路径。抛开个人考虑不谈，终点往往属于文明的范畴。

隐晦的仆人情结

金钱，是坏主人还是好仆人？此言论出自贺拉斯（Horace）之口，在大仲马（Alexandre Dumas）儿子重新提起后，被引用过无数次，这个问题实则也表达了人们的不安。就像黑格尔辩证法提到主人和仆人时，认为金钱或许就是那难搞的仆人，应该牢牢地加以管束，以防他反过来欺压我们。这种反转首先由亚里士多德提出，后来马克思在《资本论》中对此进行了分析，书里写道，在资本主义中，"货币—商品—货币"接替了"商品—货币—商品"的经典循环模式，对于"货币—商品—货币"这一模式而言，货币本身就是目的，不受商品的限制。金钱貌似处于一种"差不多"的状态：在不明确的身份中，既是"差不多"的目的又是"差不多"的手段。它若是太过抢手，就不可能只作为一个工具而存在，若太过平庸，就无法获得价值的尊严。金钱负责联络、打通人类之间的关系，它不满自己所处的地位，觊觎着强势主人的角色。它随时都有可能诱导我们做出荒谬的行为，并以放任自流的方式让我们自行满足那些最难以启齿的欲望。

把自己做过的蠢事都归咎于金钱，是再简单不过的事了。我们主动向这个魔鬼俯首称臣。没有哪个恶神在控制我们。刑法中，疯狂的投机者会依据其行为受到裁决，不同于那些不负责任、着魔般的人，他们是高速算法的受害者。金钱只是指使我们去做我们自己所设想的事情。值得庆幸的是，人类发明了金钱，这使得人们不会过度地讨厌自己。他们可以把所有搅动内心的情绪——欲望、贪婪、吝啬、奢侈、自负寄托到金钱上，并把这些情绪转为美德，变优点为缺点，化缺点为优点，循环往复。金钱是荒诞的，是普遍存在的腐败。不过视金钱为粪土可比这荒唐多了。

有一条极其细微的分割线将作为目的的"金钱"和作为手段的"金钱"区分开来。消费主义与广告宣传所要做的就是长久地将这条分割线模糊化。不过，在必要时重建这条线则是我们的智慧所在。因此我们要做的就是将它维持在可控范围内。但为了维持这样的状态，就必须拥有足够多的财富。"手里握住的金钱是获得自由的工具，求而未得的金钱则是奴役我们的工具。"（卢梭）不能将此理解为要想有钱，就得去找，去赚，因为金钱不会如甘露般从天上掉下来。它或许是我们的仆人，但在这之前金钱会告诉我们它甘愿服从的种种条件。道德家倡导无视身外之物。如西塞罗家缠万贯，拥有了足够的金钱，才不会为钱费神。正如《玛格丽特》电影中的同名主人公所说："金钱一点也不重要，重要的是要拥有金钱。"金钱一旦被遗忘，人们就能够保持自由。钱把我们从需求中解脱出来，却没有把我们从对钱的需求中解脱出来。

第二部分

金牛犊神话三则

第五章

金钱是世界的主宰？

> 说到底，文明只不过是贪婪对抗战争的胜利。
>
> ——伊恩·莫里斯（Ian Morris）[1]

左拉的小说《金钱》（L'argent）讲述了拿破仑帝国末期，一家天主教银行因投机风波而破产的故事。文中提到了一个小人物——科南太太。她有"一头令人生羡的金发"，"脸色红润，体态丰盈"。她是费多街纸店老板的妻子，"在老实的丈夫给账册上胶的下午，她为了店里的事要出去跑街，走遍巴黎的时候"，就会与各个露水情人幽会，但同一个人绝不会再约第二次。小说主人公财主萨卡尔（Saccard）曾碰到科南太太和一

---

[1] War. What is it good for ?, Farrar, Strauss and Giroux, 2014.

位年轻男子一起离开酒店，就央求她也给自己一次机会。科南太太礼貌地回绝了。萨卡尔不死心，要给她一笔钱，一大笔钱。她再次拒绝并解释说，她爱她的丈夫，迟早有一天，他们会带着一大笔钱离开这里，她只委身于自己喜欢的人，哪怕对方是个"穷鬼"。萨卡尔震惊不已，书中写道："怎么！所以金钱并不是万能的？就这样一个女人，别人不花分文就可以得到，而他，即便斥巨资也没法占有！她说不，这是她的个人意愿。萨卡尔为此感到十分痛苦，这就好比在出色的成就面前，自己的权势受到质疑，对金钱势力的幻想被悄无声息地打破一样，而在此之前，他一直相信金钱的势力是绝对的、至高无上的。"[1]

最后的幻想

万物皆有价值，这是法国自巴尔扎克、英国自简·奥斯汀（Jane Austen）以来就养成的在文学中对个人明码标价的习惯。人成为计算和被计算的机器。这种怪癖，在13世纪数字学出现时就应运而生，并一直延续到各类技术不断完善的当代。数字学意味着从罗马数字到阿拉伯数字的过渡、数字0的使用，以及三角测量法的普及，这种通用测量方法适用于天文学、弹道学、钟表业，尤其适用于指挥上千人有序作战的战术。[2]启蒙哲学家随即就宣扬起苦乐计算的思想，并开始通过利益和代价来评估人类活动。这种对时间和空间的量化现象，伴随着工业革命的爆发，在19世纪达到顶峰。身体与灵魂可以用来出售，"这个文明已用金钱取代

1　Emile Zola, *L'argent* (1891), préface et notes de Gérard Gengembre, Pocket, 2009, pp. 293-294.
2　参见Alfred W. Crosby, *La mesure de la réalité, op. cit.*, pp. 17, 18 et 53-54。

了荣誉"[1]。谈到法国大革命，巴尔扎克唯一的关注点在于贵族和教职人员对财产的大肆侵占以及随之带来的等级混乱现象。他惊叹于"金钱的无所不能、无处不在"[2]，仿佛发现了新人类的哲人石[3]。如果说《人间喜剧》（*La Comédie humaine*）的两大活性成分是金钱和欢愉，那这两种成分实则暗藏了骇人听闻的卑鄙行径：盗窃、绑架、谋杀。在他笔下，富人成了有身份的盗贼。巴尔扎克在小说中介绍了公证人的世界，他所描绘的"这类管账精明之人的命运"（布律诺·泰萨雷什［Bruno Tessarech］）没有任何虚构的成分。

这位《贝姨》（*La cousine Bette*）的作者为了还清债务而劳累过度、与世长辞，成为自身作品的一个活生生的例证。借他自己的话来说，要没有金钱的困扰，就不会有这些伟大的作品。（这个定律也有许多特例：如亨利·詹姆斯［Henry James］、伊迪斯·沃顿［Edith Wharton］、安德烈·纪德［André Gide］以及马尔塞尔·普鲁斯特［Marcel Proust］）。然而巴尔扎克总是算不清账。世界对数字的使用严重脱离了正轨，大大小小的数字失去了控制：瞧瞧那些国家预算或企业破产里出现的好几十亿资金黑洞，可都是数字失控的典型案例。很少有伟大的小说谈及纯粹且简单的金钱，因为只有掺杂进其他的情感才具有故事性，而金钱是这些情感的镜子或扩音器。一谈及金钱，往往就会涉及其他话题：忠诚与背叛、闪电般的晋升以及戏剧性的溃败。巴尔扎克对工人阶级的崛起视而不见，对生产工作的重要性充耳不闻。他预料到并宣

---

1 Honoré de Balzac, *Melmoth réconcilié* (1835), in *La maison Nucingen*, précédé de *Melmoth réconcilié*, Folio-Gallimard, 1989.
2 Honoré de Balzac, *La maison Nucingen* (1837), *op. cit.*
3 哲人石，又称炼金石，是一块西方传说中可以炼金又可以令人起死回生的石头。——译注

告了世界的金融化。他给自己的书冠以新的标题,再次发行,以便占领市场,将墨水转换为收入。

在《幻灭》(La cousine Bette)中,法国浪漫主义习惯性地将青年时代的英雄梦与商业年代的庸俗之风对立起来。继法国大革命与拿破仑史诗之后,生命成为一道从希望走向绝望的轨迹,而且不可逆转。在手工制造业和商业的阴霾之下,梦想破碎,诗歌创作停滞不前。约会不再散发光芒,高尚的爱情在夫妻的柴米油盐中陷入困境。没有一次祷告得以如愿,亦没有一次憧憬得以实现。然而有这么一种信仰,浪漫主义将其深深扎根进我们的文化,那就是金钱万能。这恰好是我们建议重新审视的一句陈词滥调,它也一直困扰着马克思主义者、极左分子、天主教徒、保守派以及自由派主义者。

圣·奥古斯丁在编撰天主教教义时,描述了堕落之人的三大罪状:统治欲、情欲、占有欲。[1]但他又补充说,每一种罪恶都有能力钳制其他罪恶及其带来的危害。荣誉、权力和金钱都同等可耻,但这三者若相互压制,则大有作用。现代人忽视了这三种欲望的益处,只把它引向了一个维度:利益。我们发挥了临床医生般的才能,解剖人类机器的所有发条,挖掘利益。正是利益,这无处不在的媒介,在一片喝彩声中,将一切踩在自己的脚下,严加控制。汤姆·沃尔夫(Tom Wolfe)在《虚荣的篝火》(Bûcher des vanités,1987)中说,银行家、金融资本家、经纪人势必成为"宇宙的主宰"。也有一个令人宽慰的观点,倘若没有人主宰世界,那就意味着历史的车轮在盲目地前行,众人皆为木偶。"金牛犊"吞并了道德、信仰、知识、教育、权力,并把它的法则强加到我们身上。哈

---

[1] 关于这个话题,参见A l'indépassable étude d'Albert Hirschman, *Les passions et les intérêts*, PUF, 2014。

佛大学的米歇尔·桑德尔（Michael Sandel）教授中肯地解析了"活动类商品"领域迅猛发展的现象：比如，花钱雇人替自己在面包店或医院排队，提供出席两院联席会议的特别通行证，同时还给无家可归的人付工资，帮病人报销医药费，奖励在学校取得好成绩的孩子[1]，或者是资助孩子们看书[2]（在印度，把孩子送去学校的穷苦家庭可以获得合理的补偿，因为这些家庭因此失去了劳动力[3]）。在中国，可以雇一家公司替自己道歉。[4]在德国，如果不敢当面提分手，可以授权一家机构代为处理。[5]举一个众所周知、经典又荒诞的例子，有人以赡养房屋现住户终生为条件，从老人手中买到一栋房子，老人突然恢复了健康，将一个个债主送进了坟墓。[6]还有一个人寿保险代理的例子，他们打赌自己的客户会立马死去，却愤怒地发现这些客户并非都已成年。[7]令人更为反感的是，通过金钱交易，人们可以获得猎杀黑犀牛等濒临灭绝动物或狮子的权利。

　　以上例子无耻也好，搞笑也罢，都提出了一个实质性的问题：一个善举要商业化到何种地步才会自毁价值？学校的公告是否将国家教育的使命引入了歧途？例如，给会道谢的孩子发钱，这明显是向教育发起的挑战，势必会给孩子的社交生活埋下祸根。[8]

1　参见Roland Bénabou et Jean Tirole, 引自Daniel Cohen, *Homo economicus, prophète (égaré) des temps nouveaux*, Albin Michel, 2012, p. 51。
2　参见Michael Sandel, *Ce que l'argent ne saurait acheter*, préface de Jean-Pierre Dupuy, Seuil, 2014。
3　参见Laurence Fontaine, *Le marché. Histoire et usages d'une conquête sociale*, Gallimard, 2014, p. 227。
4　*Ibid.*, p. 161。
5　参见Pascal Bruckner, *Le mariage d'amour a-t-il échoué ?*, Grasset, 2010。
6　参见由皮埃尔·切尔尼亚（Pierre Tchernia）执导，勒内·戈西尼（René Goscinny）编剧的电影《养老金》（*Le viager*，1972）。
7　参见Michael Sandel, *Ce que l'argent ne saurait acheter, op. cit.*, pp. 216-218。
8　*Ibid.*, p. 111, chapitre « Incitations perverses »。

同样地，通过付钱的方式鼓励孩子上学（罗兰·贝纳布［Roland Benebou］和让·梯若尔［Jean Tirole］），并向他们保证，一旦取得好成绩就会有奖赏，或者像达拉斯市（Dallas）一样，在条件差的学校，给每读完一本书的孩子奖励两美元[1]，这反而有可能打击小孩子的积极性，以为自己的父母认为自己做得不够好。[2]某些奖赏报酬会改变价值尺度。举一个非常有名的例子，以色列一家托儿所所长发现父母接孩子放学时总爱迟到，于是决定对迟到的家长罚款10美元。可事与愿违，迟到的现象不减反增，因为父母精神上不再有必须按时接送孩子的压力，他们已经预备好支付一笔和请临时保姆差不多的花费了。[3]

各类广告侵占了大大小小的荧屏、沿街的广告牌，甚至是人的前额或手臂，这实在让人难以忍受。但这类现象并非刚刚出现，"三明治人"早在一个多世纪以前就存在了，这不是在抨击金钱，而是在抨击那些迫使母亲文身的苦难，例如，在前额文一个赌场的名字，获得的报酬可以支付孩子的学费。[4]因此，应该受到斥责的，不是手中卑劣的金属货币，而是金钱的分配问题。

⌐   ¬

本杰明·富兰克林的一大美德

本杰明·富兰克林是波士顿蜡烛制造商的儿子，在

---

[1] Michael Sandel, *Ce que l'argent ne saurait acheter, op. cit.*, p. 34.
[2] Roland Bénabou et Jean Tirole, 引自Daniel Cohen, *Homo economicus...*, *op. cit.*, pp. 51-52。
[3] 参见Maya Beauvallet, Les stratégies absurdes, Seuil, 2009, 引自Daniel Cohen, *Homo economicus..., op. cit.*, pp. 50-51。同样的例子还可出现于Michael Sandel, *Ce que l'argent ne saurait acheter, op. cit.*, pp. 117-118。
[4] *Ibid.*, p. 266 sqq.

十七个兄弟姐妹中排名最后。他是一位启蒙哲学家，也是一名大旅行家。1776年，他担任驻法大使，曾在反英战争中寻求过法国的帮助。与布丰（Buffon）、休谟（Hume）、伏尔泰、米拉博（Mirabeau）、罗伯斯庇尔（Robespierre）往来密切。他发明了避雷针、火炉和双光眼镜，积极要求废除奴隶制，并负责校对《独立宣言》。他是那个时代集美德、财富和教育于一身的典型人物，也是建议把金钱道义作为新社会根基的第一人。他是一个"榜样"。根据罗马人对该词的定义，他是白手起家、忧国忧民的生活模范。他慷慨地为年青的一代提出许多意见：劝诫他们不要整天游手好闲、大肆挥霍、生活淫乱、贪恋食物、负债累累；建议女性学习理财，避免受到坏人的欺骗，这些比音乐、舞蹈实用得多；鼓励年轻人发家致富，告诉他们只要工作勤勉、有节有度、为人正直，就称得上是一个好公民。他倾其所能地为他人服务，每晚还会自我反省：我今天做了哪些好事，是一个怎样的对社会有用的公民？他并不否认自己贫穷的出身，也不为之感到耻辱，能一步步走到现在的位置，他感到非常幸福。

本杰明·富兰克林开创了金融家自传体裁，给琐事立下了详细的规则。其著作《穷理查年鉴》（*Science du bonhomme Richard*）可以提炼为一句名言："早睡早起，身体健康、财源滚滚、满腹诗书。"[1]我们可以对这些陈词滥调，对这句当年曾被美国人奉为"圣经"、如今已被人遗忘的格言置之一笑。他预测到了财富给人带来的危害：

---

1 Benjamin Franklin, *Avis nécessaire à ceux qui veulent devenir riches, op. cit.*, p. 257.

贪恋奢华、毫无节制、虚荣心爆满，以至于对他人评头论足，"别人的眼光会摧毁我们"[1]。但是他希望通过简单的原则，即节制和节俭，来克服这些缺点。于他而言，货币与伦理道德是不可分的。继他之后，金钱和智慧就再也没有过联系。看来是时候重新考虑它们之间的关系了。

金钱往往是次要的

金钱是美妙的，可以创造奇迹，把不可能变成可能。但在具体有形的能力和无处不在的幻想之间，却有个无底洞。任何一个金融家，最开始都是相信神话故事、相信传说中的妖魔鬼怪的孩子，脑袋里满是稚气的梦想，却手无缚鸡之力。安然公司前首席执行官杰弗里·斯基林（Jeffrey Skilling）于2013年6月21日因涉嫌偷税漏税、共谋、内线交易被判处14年监禁。他招供说："我想了很多。只有钱才是最重要的。钱可以买来忠诚。情感不再重要了，钱可以成就自我。"这番陈述打动人的不是他的犬儒主义，而是他的天真，以为仅仅靠钱就可以买来忠诚和忠心！只有崇拜或厌恶金钱的人才会幻想用钱来摆脱现状。他犯下了两个极端的错误：要么小看了金钱，要么高估了金钱。

金钱有时候可以做很多事，但也不是万能的；它对我们的任性听之任之，从不究其根源。自恋、对权力的欲望、对传教或政治的热忱、阶级的不平等、利己动机都不是金钱一手创造的。金融界的偷猎行为将在未开发的土地上侵占高尚的情感、荣誉感和天真。但

---

[1] Benjamin Franklin, *Avis nécessaire à ceux qui veulent devenir riches, op. cit.*, p. 273.

金钱最多是助推器，绝不是根本原因。市场在一片赞美声中走进我们的生活，却征服不了我们的灵魂，反倒是我们的灵魂以解放者的姿态迎接着市场。市场一来就把世界纳入我们的掌控之中：它为我们提供各式各样的生活方式、各种以方便和即时为准则的体验。庞杂的安排只为满足我们最小的愿望，甚至超过我们的期望值。以金钱作为消遣是一把双刃剑：它给我们腾出了时间，节省了烦琐的步骤，尤其是，它以教练或守门人的姿态，民主地为每个人提供了从前的马车夫、司机、管家、厨师给他们的主人所提供的便利。这些便利没有背负精神或情感债务，因为我们没有强迫任何人提供这些服务。在民主时代，这类服务又是怎么定义的呢？它是一种带薪资的"奴役"，我们有时候会和那些服务不周的人讨价还价。和原来的服务不同的是，通常情况下服务者可以来去自由。服务只是一纸合同，并不是所有物的凭证。只满足一种期待或从属等级关系的服务会被专家分包经营，例如，行政任务、家务活、照看孩子、赡养老人。在民主的世界，薪酬可以让人拥有自己想要的东西。金钱可以有求必应，暂时满足我们的愿望，但这只是一种短暂的快乐。

人类社会新添了两个要素——商业竞争和便利：一个决定了个体与个体间、企业与企业间的竞争关系，非成即败；另一个则起草了一份简单又讨人喜欢的合同模板，适用于各种各样的关系链。一方面是繁重的劳动和竞争的痛苦，另一方面是轻轻松松满足需求的便利。当如小企业般的自我与市场完美契合时，问题就变得复杂了：工作提升了个人，最大限度地挖掘了个人的潜力，个人所遵守的实用又理性的原则，也是经济所要求的原则。每个人都成为获取利润的资本，而资本主义就像文化一样促进并伴随个人主义的发展，坚持个体本身的节奏，享受个体的柔软和弹性。如此一来，举一个极端的例子，娱乐圈明星如Jay Z、碧昂丝（Beyoncé）、奥普拉·温弗莉（Oprah Winfrey）、玛莎·斯图沃特（Martha Stewart）、麦当娜（Madonna）、大卫·鲍威（David Bowie，1997年曾露面于债券市场）等人，都成为一种符号，被标榜为各种各样的生活方式。钱不仅可以减少我们的附属物，还可以倒过来让我们成为经济实体，迫使我们进行自我售卖，将自己的价值套现。自我已经成为一种无异于其他的价值，遵守价格上下起伏的市场价值规律。尽管如此，还是要缓和对这种形势的评定。文化是广义上达成的社会联系，它决定了经济是景气还是萧条。这就是为什么从狭义上来说，从来都不会有经济危机，最多不过是精神或道德危机。约瑟夫·熊彼特[1]（Joseph Schumpeter）重申了"无形之手"的矛盾性：若把一己私欲比作铅，任何想把劣质的铅转化为黄金的企图都应该由机构和有关人员（法官、警察、政治家、官员）加以约束控制，毕竟这类群体的原动力是为大众服务，跟"自我经济"搭不上边。要想重拾启蒙哲学家的语言，就得以各类习俗、某种类型的群体和风俗、民族精神为重，同时经济领域也要分支引流。只有国家、各类传统、习俗归属于另一套逻辑时，才能将资本主义大众化，资本主义才可能得以运转。因为社会并不全是市场，而经济却有可能，两者一旦重合就有可能分崩离析。举个例子，医院的持续发展全靠职员的无私奉献，他们照顾病人时不考虑时间成本，宽容大度。若单靠收入诱导护士来工作，那人们对病人的存活也就不抱什么希望了。（这些护士的薪水极其微薄。傅立叶主义者认为，应该颠倒工资等级，给那些吃力不讨好的职业付高薪。）世界上没有哪一寸土地是仅受利益规则支配的。我们已经看到，即便是美国，也因其多疑的爱国

---

[1] 约瑟夫·熊彼特（1883—1950）：政治经济学家，被誉为"创新理论的鼻祖"，代表作有《经济发展论》《经济分析史》等。——译注

主义精神、无所不在的宗教感情以及强烈的连带感而慎重考量国家对自由企业的颂扬。金钱是一个无神论的机器，可以兑现一切，却无法掌控其中的人。从长期来看，在一个公民团体中，大家共命运，一同参与高于个人利益之上的集体创造，才能锻造出真正的关系链。

于右派而言，自由经济和保守政治密不可分。科技和革新越是能发号施令，我们越是想用严格的规则，即家庭、道德和宗教来约束它们。右派不是要规范市场规则，而是要规范个体本能。左派的打算却相反，它想压住经济欲望，解放个人欲望，将一片繁荣的局面打散，以期每个人都可以在自己的伊甸园里嬉戏，不拒绝任何享乐的机会。每个阵营都在与一个根本矛盾进行斗争。

飘忽不定的界限

旧制度以来发生的变化就是，不再有什么是不言自明的：我们打着自由和平等的旗号，让传统礼仪、生活方式、礼貌准则均陷入危机。我们本身的价值成为如今讨论的焦点，而在以前，我们的价值听天由命，任由传统或上帝安排。后来，这些受法律禁止、风俗限制，针对个人或集体的约束被市场奇迹般地消解了。市场一进入人类活动的敏感地带（代孕、收养、非法买卖器官）就和我们各种幼稚至极的欲望结成同盟，给我们吹耳边风，叫我们什么都不要放弃。市场总是钻人们愿望的空子，怂恿人们绕开法律，高举自由的旗帜，以此来满足这些愿望。而我们则需要对这些愿景而非对它们的实现途径提出异议。当磋商评议、协商一致或是投票选举依旧无法满足个人要求时，市场则是最后一根稻草。因此，为了解决许多夫妻不孕不育的问题，经济学家就会建议那些因个人原因想堕胎的妇女把孩子留下来，投放到市场，或建议精挑细选出来的女大学生以50000美元的价格出售自己的卵子。[1]如果贩婴市场呈现出一片繁荣的局面，满足了性别、种族、眼睛颜色、智力等各种各样的需求，那么同样，对孩子的欲望也会成为我们社会最昂贵的一种欲望。付钱可以加快种种手续的办理流程，给等待中的夫妇提供更多的选择。但它却无法解决亲生父母和婴儿未来的关系，更不能预测人类未来的生活质量。市场每一次扮演的角色都不是触动器，而是催化剂，以期满足我们的种种贪欲，却从不考虑它的合法性。人们寻求市场的帮助，把它看作一个奇迹般的解决办法，而这个解决办法本身却极具争议。

总体上说，一个世纪以来，民主国家缩小了禁区，扩大了自由的领域。但无限的扩张势必会引起混乱与分裂。民主世界的真理是可废除的，但仅仅只是在一定程度上。在我们的制度下，除谋杀、乱伦、暴力、苦役这些基本禁忌之外，合法活动成了唯一可诉诸的手段，而这恰恰就是让人头晕的地方，因为我们随时都可以决定哪些活动可被接受或不可被接受。不再有至高无上的救世主给我们启发，而是各种观点的碰撞——这些观点或多或少都是礼貌谦卑的。面对个人或私人团体的无理要求，最要紧的就是划出界限范围，使得金钱无法毫发无损地肆意妄为，被划分出来的领域不仅包括学校、司法、政治、生育、公共服务，还包括海洋、陆地、宇宙。商业和非商业之间的界限必须经过一代又一代的人，一而再再而三的讨论。尽管人类的愿望和社会的禁忌之间的界限飘忽不定，但这个界限恰恰是最重要的，废除它就相当于自杀。只有这个界限才能决定保留什么禁忌，以及采取何种形式抵抗个人或压力集

---

[1] 参见Richard Posner et Elisabeth Landes, « The economics of the baby shortage », *The Journal of Legal Studies*, University of Chicago Press, 1978。

团的非分要求,"克服欲望总比主宰世界好"(勒内·笛卡尔[René Descartes])。这是自由的无底洞。

并不是所有东西都可以拿来售卖,市场无法取代政治、教育、情感方面的关系链,也无法渗入公共生活的方方面面。人们甚至希望市场永远都不要触及这些地方。这样看来,哈耶克(Hayek)的乌托邦很天真。但是,我们应该学会把这些威胁分级,不要把特别通行证的售卖行径和公共厕所的广告位划归为一类。把选举时购买选票的行为和在诉讼案中贿赂法官的行为放在同一个等级,则更让人忧虑。要学会评估市场控制或影响权力的可能性。比如,2010年1月21日,美国最高法院批准企业和工会可自主竞选阵营。也切勿忘记永生行业,它所面向的是世界上最富有的人。这群人为了克隆自己关键部位的器官预留了"停靠位",希望低温保存大脑,以求比同时代的人活得更长。这些巨头都是各个行业的佼佼者,而恰恰也是他们破坏了整个社会的公约。哪一点更让人难以忍受呢?是现金可以买来许多东西,还是整个民族能够在苦难、饥饿、暴力的打击下屹立不倒?还是在加利福尼亚的某段高速公路上司机为了在更为畅通的左道驾驶,而求助于返程路上的妓女[1],只因一辆车至少得搭载两个乘客才能获得借道的权利?抑或是青少年因为缺钱,而无法接受良好的教育?这是道德家关心的问题,他们抱怨这些无关痛痒的东西,是为了不愤慨于那些可憎的事物。他们在细节上毫不妥协,以此避免看到最糟糕的东西。

---

[1] 此例来自让·皮埃尔·迪普伊(Jean-Pierre Dupuy)写给迈克尔·桑德尔(Michael Sandel)的书中序言,见*Ce que l'argent ne saurait acheter*, op. cit., p.15。

论像定期利息一样反对资本主义

如今的反资本主义集结了理论的三大好处：洞察力、批判性、前瞻性。它可以解释一切，批评一切，预言一切。反资本主义者因此具备了战略高度，视野也更清晰。反资本主义经历了一个生命的过程，更新换代了好几次，如今又归并了新的事业领域，其中就包括环境问题。他们把气候危机和市场危机结合起来，一箭双雕，从而扩大了对整个地球的探索范围。在当前的魔鬼学（démonologie）中，资本主义扮演的是中世纪欧洲撒旦的角色。它的罪行清单逐日见长。无论谁走上了歧途，都会被归咎到它的身上。即使在它敌对的阵营，也有着数不清的帮派：共产主义的怀旧者（法国的阿兰·巴迪欧［Alain Badiou］、艾蒂安·巴里巴尔［Etienne Balibar］、雅克·朗西埃［Jacques Rancière］）、现代性的批判者（斯洛文尼亚的斯拉沃热·齐泽克［Slavoj Zizek］、意大利的安东尼奥·内格里［Antonio Negri］）、反自由的保守主义者（让-克劳德·密歇亚［Jean-Claude Michéa］）、末日的救世主（美国的伊曼纽尔·沃勒斯坦［Immanuel Wallerstein］）、主张减排的激进环保者（娜奥米·克莱恩［Naomi Klein］、尼古拉·于洛［Nicolas Hulot］、让·皮埃尔·迪普伊［Jean-Pierre Dupuy］）、信徒（弗朗索瓦教皇［Le Pape François］、萨拉菲主义者塔里格·拉玛丹［Tariq Ramadan］）、红棕[1]政治联盟（国民阵线的玛丽娜·勒

---

[1] 在俄罗斯的政治语境中，红色代表社会主义和共产主义，棕色代表极端民族主义。——译注

庞［Marine Le Pen］、左派人民阵线让-吕克·梅朗雄、新反资本主义党奥利维·贝尚斯诺［Olivier Besancenot］）。然而，让人震惊的是，这些思想家、经济学家、宗教教徒虽对资本主义恨得牙痒痒，却又对他们想要打压的这个制度饱含热情：他们反对资本主义，反对资本主义的一切，但又想维持资本主义，这样就可以以打击它为乐。智者们在过去的两个世纪里一直向我们解释资本主义终究会走向毁灭。"快走到尽头了。"2013年7月，伊曼纽尔·沃勒斯坦（Immanuel Wallerstein）在《人道报》（L'Humanité）的采访中如是说。但这个尽头始终没有到来。我们期待它毁灭，就像其他人期待弥赛亚一样。如果毁灭的日子迟迟未到，那也仅仅是推迟到了下一年。每对其否定一次，就重燃一次笃定资本主义会消失的信念。我们要当心资本主义和其敌对者之间的紧密联系：愤怒把他们紧密联系在一起，后者的批评巩固了前者的根基。激进主义往往是无能的表现，当我们对一切都感到绝望时，我们就会变得激进。

历史上的金钱更专横

金钱曾作为一个老生常谈的话题，由大人物四处兜售：现代史随后记载了无报酬时代的落幕。18世纪以来，英国在银行家和新富的影响下，眼睁睁看着钱成为"比荣誉、友情、亲情、血缘关系或内心团结更为持久的链条"（波林布鲁克

[Bolingbroke]）[1]而感到焦虑不已。从那个时期开始，以亚当·斯密为首的自由主义理论家就反对孟德斯鸠及其软贸易（doux commerce）理论，揭露了尚武精神的衰败、脑力活动的受限以及文化受到的蔑视。[2]简言之，仅仅通过贸易手段来编织社会，把社会变为所有关系的第三者，这于当时而言，如同天方夜谭。然而，人们还是后悔联想到了某些陈词滥调：今天不比昨天多，金钱买不来爱情，也买不来友情（我们可以租来身体和忠诚，但也仅此而已）、公职、荣誉、欲望以及公众赏识。金钱在过去的几个世纪里更加专横：奴隶制和强制性婚姻使得整个人都可以被买卖，没有丝毫逃脱的可能性。梭伦（Solon, 古希腊时期雅典著名的政治家）时期前的希腊，如果有人偿还不了债务，就会像商品一样被扣留。一些国王会花钱购买选票，比如查理五世。中世纪的赎金构成了贵族收入的主要来源。掠夺所得和战利品是战役的诱人之处。有人会把战死的骑士留下的盔甲与剑转卖出去，还把他们的家人关进监狱，使其拿不到抚恤金。最终还会有专门的修道会负责从巴巴里海盗那里赎回基督徒俘虏。14世纪的英格兰国王，爱德华二世和爱德华三世也会在还款期间把自己的朋友当作人质抵押。1340年，坎特伯雷（Canterbury）大主教曾被当作主权债务的抵押品派往布拉班特（Brabant）[3]。"好人"[4]国王在1356年的普瓦

1　Isaac Kramnick, *Bolingbroke and his Circle. The Politics of Nostalgia in the Age of Walpole*, Harvard University Press, 1968, p. 73, 引自Albert Hirschman, *Les passions et les intérêts, op. cit.*, pp. 55-56。
2　引自Albert Hirschman, *Les passions et les intérêts, op. cit.*, p. 97。
3　以上例子引自Georg Simmel, *Philosophie de l'argent*, PUF, 1999, p. 471。
4　约翰二世（1319年4月16日—1364年4月8日，1350—1364年在位），法国瓦卢瓦王朝第二位国王。他在普瓦捷战役失败后被黑太子爱德华俘虏押回英格兰。在把一个儿子安茹公爵路易一世留下做人质后约翰二世回国去筹赎金，不料这个孩子逃跑了，约翰二世严格遵守了骑士制度的信条，他自愿返回英国做人质，数月后死去，因为这个缘故他被称为"好人"。（来自搜狗百科）——译注

捷战役中大败后，付了好几百万埃居的赎金才得以释放出来。这份赎金掏空了整个皇室[1]，也促使君主创建了法郎。

14世纪，但丁（Dante）把意大利各大城镇中贪婪的贵族、教士和资产阶级逐出了教会。[2]17世纪，伦理学家揭露了阿姆斯特丹居民对赌博的疯狂迷恋；人们在各个地方赌博、赌场、妓院甚至各个宫殿，赌一个新生儿的性别、赌一次冒险运输的运气、赌一个伟人去世的可能性、赌自己对生活的期望、赌鼠疫的毁坏性，五花八门。[3]同时期，荷兰对郁金香的狂热也攻占了法国，拉·布吕耶尔将此戏称为性冲动的某种表现，大批百姓为了获得并收集这种来自东方的花的球茎而破产。它演变为了一种国际性的迷恋。[4]无论是什么，哪怕是球茎，一旦上升到了艺术品的行列，就会比黄金和钻石值钱得多，也会让人为之疯狂，从而催生出一项产业，一种集体的迷恋。

如今，只有在非资本主义或非民主国家，这种最低级的统治形式才会猖獗，连孩子也不放过。一个多世纪以前，奴隶制（及其两种替代品，农奴制和劳工契约[5]）就已经被废除了，与此同时，市场经济崭露头角。1933年，德国纳粹党通过集中营和灭绝营第二次恢复了奴隶制，所有被拘留的人都要劳动到精疲力竭为

1　法国古钱币。——译注
2　他们只想要钱，以至于我们几乎可以说，他们像被火焰一样的占有欲消耗殆尽了。（但丁，引自Werner Sombart, *Le bourgeois, op. cit*。）
3　关于这个话题，参见Simon Schama, *L'embarras de richesses,* Gallimard, 1991, p. 466。
4　关于这个话题，参见Laurence Fontaine, *Le marché, op. cit*.,chapitre VII, « La "bulle" des tulipes ou les jeux de la distinction, du pouvoir et du hasard dans la formation des prix », p. 288 sqq。
5　俄国于1861年、中国西藏于1959年、尼泊尔于1960年废除了农奴制。这些契约工（indentured servants）曾是殖民时期的工人，在还清欠款前，他们都是主人的附属品。墨西哥在19世纪通过了债务奴役合同。这类合同对外来移民工同样有效，尤其是在海湾国家，这类合同使得一种持久的农奴制得以实施。

止。在同样精神的指导下，20世纪70年代末，尼古拉·齐奥塞斯库（Nicola Ceausescu）向德意志联邦"售卖"了好几十万德裔罗马尼亚人，从此催生出一个暴利行业，当时的政府从中获利一百多万马克。每一个罗马尼亚人，即便有日耳曼远亲，也必须缴纳侨居费，以偿还国家提供的教育服务。

文明的要素

人们对世界商业化的批评可以追溯到资本主义诞生时期。但金钱同时也是文明不容置疑的一个要素：从罗马法的精神赔偿到战争罪或反人类罪的赔偿，都是为了避免发生循环式报复或因报复产生的流血事件。罗伯特·穆齐尔（Robert Musil）[1]笔下的人物阿恩海姆（Arnheim）对上帝说："（金钱）属于精神暴力；它是一种专门的、灵活的、优雅的、富有创造力的暴力形式。经济活动不是建立在欺骗、剥削、阴谋诡计和强制性之上的，它是文明的，是直抵人心的，是自由的化身。资本主义信奉利己主义，按照致富能力划分社会等级，是最完美同时也是最人性化的制度，因为我们每个人都能够参与其中，创造辉煌。"[2]计算债务时，金钱将债务限定在一个范围内，以另外的方式赔偿给受害者，它成为一种具有缓和性质的要素。金钱有这样一种美德，它把复仇之心转变为对补偿的渴望。它可以预见到人类的牺牲并将其提炼成一定的数量总额。缴纳罚款是最好不过的了，即便数额再高，也好过流血。金钱自身的等价价

---

[1] 罗伯特·穆齐尔（1880—1942）：奥地利作家，他的《没有个性的人》一书被认为是最重要的现代主义小说。——译注

[2] Robert Musil, *L'homme sans qualités*, tome II, Folio-Gallimard, 1974, p. 297. 参见Jean-Joseph Goux, *Les monnayeurs du langage, op. cit.*, p. 164。

值使得它适用于不同属性的人和事。"当人类渐渐善于把致命的冒犯降级为民事等级的诉讼，把惩罚变为先弥补可弥补的再教育坏人时，人道主义就应运而生了。"[1]（埃马纽埃尔·列维纳斯［Emmanuel Levinas］）没有什么可以取代伤口、残缺的部位以及受损的器官，更是无法同等地替换残缺的肢体。经济上的赔偿虽不能取代器官或受损的机能，但至少可以提供一个替代品。康德说："万事万物都有其价值或尊严，有价格的东西就可以被其他东西等价代替；相反地，无法用价格来评估的事物，才是不可被等价替换的，是有尊严的。"[2]但人类只有一个有尊严的价格：两者互为存在条件，而不会相互排斥。这是因为我们认为任何人都具有同等的价值，能够给生活定个价（即使这看起来并不道德）。没有价格的东西会被奴役甚至被毁灭。精于计算的废奴制度还促成了贩卖的不合法性：重农论者皮埃尔·塞缪尔·杜邦·尼摩尔（Pierre-Samuel du Pont de Nemours Pont de Nemours，1739—1817）在比较了债务质役的费用和自由劳动力的价格之后，得出如下结论：将黑人奴化比解放黑奴更费钱，即使对种植园主来讲不是这样的，但至少不适用于奴隶制国家。这笔账目虽利欲熏心却符合了人道主义的利益，随之带来的还有一次又一次的反奴隶制度运动。[3]

数字有一种美。在柏拉图看来，神秘的数字占卜术可以进入到纯理念的沉思中，还可以将我们的精神转化为这些理想的抽象概念。在他眼里，圆形、正方形和三角形这些抽象概念都独立地存

1　Emmanuel Levinas, *Difficile liberté, op. cit.*, p. 209.
2　Emmanuel Kant, *Fondement de la métaphysique des mœurs*, Delagrave, 1967, deuxième section, p. 160.
3　参见Caroline Oudin-Bastide et Philippe Steiner, *Calcul et morale. Coûts de l'esclavage et valeur de l'émancipation*, Albin Michel, 2015, chapitre I.

在于物质世界中。[1]数字虽无法让每个东西都可以互换，但它给了曙光。自文艺复兴以来，数字还是神的意志的代表，因为在伽利略（Galilée）看来，"数学是上帝书写宇宙的文字"。不明就里的骑士反对世界的数学化，把数学做出的巨大贡献抛诸脑后。量变超过一定程度后，会引起质变。正如黑格尔（Hegel）所说，量化最大限度地提升了我们感知的敏感度，让我们深入到最微小的真实中。14世纪出现的复式记账法可以同时记录借方和贷方，这种记账方式成了小贩和商人的记事表。[2]它同样也是一个便携式日记本，记录了他们时而严谨、时而分心的工作状态，算得上是一本正面或反面的指导手册。金钱的中立价值，即它的可兑换性可以帮助处理人类社会中一切不匀称的现象，深入到细微之处，以求公证。

市场的无力

从整体上说，西方世界终结了法国旧制度极不公正的体系，决定了人类的不可买卖性，以及人类的自由和基本权利。[3]针对这个问题，还存有一个误解：资本主义的全盛时期同样也是不动产受保护范围的扩张时期，即便商业领域的特权因侵蚀到其他领域而引起了一场激烈的讨论。因此，"市场像以往一样从未支配过我们的生活"（迈克尔·桑德尔）这一说法并不正确。我们甚至可以反过来说，一个世纪以来，非自愿的交易活动范围一直在缩小：19世纪，人口贩卖被严令禁止，西方世界的婚姻不再是商业不正当交易的对象，

---

1 Alfred W. Crosby, *La mesure de la réalité*, *op. cit.*, pp. 26-27.
2 *Ibid.*, p. 200 sqq.
3 参见Paul Ricœur, « L'argent : d'un soupçon à l'autre », in A. Spire (sous la dir. de), *L'argent*, *op. cit.*, p. 68。

而是一种恋爱行为（即使它保留了一定程度的经济因素），团结、忠诚、仁慈、尊严等高尚的品质也未曾受到过颂扬。大众对公正、真实和尊重的要求终结了面具游戏和各种服从关系。与广泛普及的某个论点相矛盾的是，现代公司强化了神圣的圈子，与旧制度时期的公司恰恰相反，后者也许是信徒（更多的是仪式上的），但主要业务是贱卖某类人种，即奴隶、被殖民者、女人、孩子、农奴、农民。卖淫依旧会遭到谴责，如何管理他人成为一个争论不休的话题，买卖婴儿让人产生羞耻感，无良商人被指控贩卖人类器官，让穷人的身体为富人所用，走私者也因利用移民的悲痛获得盈利而受到抨击，以上种种都证实了商人的世界观还远远无法取得胜利。人们随时都有可能尝试在网上出售自己的灵魂，风险就是可能没人愿意出价购买。

在人类所有的大事件中，没有任何一个经济维度准许我们把经济凌驾于其他活动之上。正如美国社会学家薇薇安娜·泽利泽（Viviana A. Zelizer）所说，金钱一味地迎合人类和社会逻辑，并服从它们的意愿。[1]金钱都有其特殊性，贿赂款、消费款、额外奖金、工资、暴利、遗产，每一个都是根据用途和来源区分标记的，展现了社会和家庭的关系。这就是货币金额会大小不一的原因，其评判标准就是看金钱是用来管理私生活、解决冲突，还是庆祝人生大事或强化集体身份。[2]我们不也会提到自由职业者的酬金、仆人工资、年终赏钱、薪水、支出、月薪、余额等如此多用于标明不同报酬的名称吗？金钱非但没有让世界感到灰心失望，反而在任何一个社会或群体中都拥有惊人的再适应力。它不仅不会妨碍当地的文化或特

1　Viviana A. Zelizer, *La signification sociale de l'argent, op. cit.*, p. 13.
2　*Ibid.*, pp. 60-62.

殊习俗，反而会灵巧地顺应每个人的个性。[1]让人担心的单一性让位给了用途的多样性。金钱的可塑性吸纳了人类感情中的细微差别，绝不会让社会生活干涸。对"金融"（这个模棱两可的词语又给金钱添了一项罪名，即阴谋论者）主宰着星球的信念，实则反映了对光明近乎恐慌的需求。世界上不存在至高无上的势力，但各分散势力有一个总纲，它们相互协商、影响、牵制，包括特大型公司、四大科技巨头GAFA（谷歌、苹果、脸书、亚马逊），它们互相之间的联系非常紧密，以至于无法互相使坏。金钱也许是"世界公民"（保罗·乔瑞森［Paul Jorion］），但若认为它是世界的隐秘帝王，那就把它和巫术混为一谈了。

要是金钱可以统治世界就好了，事情会简单许多——敌人将只有一个称呼，一种相貌。保证金钱的中立就足以重塑世界的和谐与美好。关键是要注意到，在任何时期、任何体制下，金钱都唾手可得，但它仅是人类七情六欲中极其微小的一部分。从当今血染大地的战争中我们可以看到帝国的雄心和宗教的狂热，因财富而引发的战争却极其少见。只有一个时期，即当下，在金钱的蛊惑下，我们相信金钱可以统治人类。我们将自己的信仰倾注到万事万物中，随即又会惊讶地在它们身上找回我们的信仰。这甚至可以用来阐释各种纷繁复杂的现象，如恐怖主义或基要主义。[2]2015年11月27日，教

---

[1] 在1994年的一篇文章中（« La passion de l'argent, les ambiguïtés de la circulation monétaire chez les Tsiganes hongrois », Terrains, n° 23, octobre 1994, p. 45 sqq.），伦敦经济学院的迈克尔·斯图尔特（Michael Stewart）表明了在匈牙利的吉普赛人群体中，金钱作为一个社会性的元素，是如何使得荣誉、赌博、成就感融为一体的。

[2] 面对这种混淆不清的情况，托马斯·皮凯蒂（Thomas Piketty）对恐怖主义的担忧关乎"社会以及平等性的进步"："这很明显了，不平等的中东是恐怖主义生长的土壤。"（Le Monde, 22—23, novembre 2015）这个主张自由、社会民主的解读没有考虑到宗教因素。

皇弗郎索瓦在肯尼亚对巴黎恐袭案做出如下解释："这是一个不公平的国际体系，金钱至上而不是以人为本。"显然，这位最高神职人员对激进的伊斯兰教抱有耶稣式谨慎的态度，但身为基督教的精神领袖，他给出的遁词毫无分量。仇恨不问缘由。若以贫穷、气候变暖、干旱或其他借口加以辩解，反而暴露出我们缺乏对仇恨的思考。市场就是这般的阴险狡诈，它强制对手用它的语言做出回应。就像极左势力一样，于他们而言，既然资本和商品可以自由流通，那么人也应该可以随心所欲地跨越国界，这是一种把人和商品放在同一台面上的想法。然而人并不是可以从一个盒子倒到另一个盒子的小豆子，他们有记忆，有文化，有不同的语言和信仰。这就是外来移民无法遵守利他主义这条准则的原因。就像贝尔托·布莱希特（Bertolt Brecht）所写的那样："做好人的诱惑是很可怕的。"德国的安吉拉·默克尔（Angela Merkel）对此深有体会，她总把自知之明的好客和同情式的自恋混为一谈。

让我们回顾一下启蒙时期：刚结束的宗教战争使得整个欧洲俯首称臣，启蒙运动授权给软贸易两个任务：一是驱散暴力，二是通过有条不紊的商业活动驱散各种冲动。在哲学家看来，利益——介于激情和理性之间的利益，是精神满足的社会性特征。利益舒缓了人的品行，用账目的审慎、对收获的渴望、追求财富的本能代替了过激的行为举止。有需求的人应该代替信徒、骑士等热衷争辩的人，尽管前者没有那么光鲜亮丽，却更为平和。历史的狡猾之处在于将私利变为一种激情，把人引诱进致命的荒淫中，[1]由此犯下了两个错误。第一个错误，一方面认为对获利的渴望可以消灭精神上的

---

[1] Albert Hirschman, *Les passions et les intérêts, op. cit.* 该书关于这个话题的讨论是不可超越的。

异端，另一方面则是以为经济上的成功可以把好战之人转变为精打细算的温顺的羊羔。而美国的"石油君主制度"，恰恰反证了经济繁荣对暴力文化并没有直接的影响。第二个错误，认为资本主义自带好战体质，就像乌云孕育着暴风雨一样，以为利润一旦被取消，人类冲突的一切根源也会随之被斩断。这种看法丝毫没有觉察到人类的愚昧无知。

单就20世纪而言，虽未曾受到金融势力的影响，但处于极权政治、纳粹主义、法西斯主义等意识形态的践踏之下。与此同时，20世纪还目睹了亚美尼亚人、犹太人和图西族人的灭绝事件，这完全是纯粹的种族歧视和宗教歧视所犯下的罪过。直到今天，世界所遭受的巨大苦难首先还是源自伊斯兰教的一些极端分子、帝国觉醒和无赖国家所奉行的民族统一主义以及帝国复兴所犯下的种种暴行。野蛮往往是思想层面的。

21世纪，鉴于敌对世界观之间的殊死搏斗，人们所要担心的并不是市场的无限扩张，而是市场的被遗弃问题。对政治、民族、宗教的狂热才是关键，经济问题在如今已退居二线。我们很快就会因金钱不是"世界的主宰"而感到遗憾。

金钱只能买到可以买到的东西

只有在一个世界里，金牛犊看似占据主导地位，那就是犯罪界，无尽贪婪驱使下的犯罪界。走近看，事情更为复杂。即使是在大型的犯罪事件中，金钱也是获得权力以及家族统治的一个踏板。黑手党内部的团结令人咋舌，但他们也必须得经受住监狱、酷刑、死亡的考验；对诺言的信守、对部族的忠诚比可能拥有的财富重要得多。没有什么比团体成员被敌对阵营或警察"收买"更糟糕的了——肉刑是唯一可能的惩罚。财富面前是冷酷的等级划分、对主子的盲从，对前辈的尊重（这里说的前辈不禁让人想起围绕在大独裁者跟前的臣子）。即便对于流氓而言，也存在一个信守承诺和契约的世界，这样的世界远远高于只论经济报酬的世界（后者备受背叛的困扰，近乎是一个间谍的世界）。总之，犯罪界也带有某种风格，粗俗又浮华，他们有自己的穿衣之道，开着豪车招摇，显摆自己的成功，炫耀奢侈手表、珠宝，举办华丽的派对还有花瓶般的女人，希望能因此形成威慑、招来艳羡。兄弟如手足，内部关系不论及交易，只讲求信义，与此同时，他们又会无情地敲诈外人。用搜刮的百万财富来定义强盗精神是错误的，倒不如说他们是要建立一个姓氏统治下的帝国（有时候是来自同一市镇或地区的家族，比如柯里昂[1]和图托·瑞纳[2]）。盗贼若想要占据主导地位，就会采取近乎军事化的规则来达到目的。敛入的数百万仅仅只是权力的象征。拉丁美洲贩毒集团极度残忍，那场面壮观的酷刑（砍去的头颅、切块并悬挂起来的尸体）、大屠杀、永无止境的争夺霸权的斗争，无论如何都无法简单地归结为对财富的痴迷。美剧《绝命毒师》讲述了化学老师老白为了支付抗癌治疗费用，在新墨西哥州研制美沙酮的故事。他最后变得非常富有，到处撒钱，就像他所说的："我这样做才能感觉到自己是活着的。"对于这类无赖而言，无论男女，即便活到了令人尊敬的岁数，逍遥法外的生活、敲诈勒索、持枪抢劫、反抗的肾上腺素也会一直是他们活着的理由。正是这种边缘状态让他们干劲十足，与卑劣的金属毫无关系。在惊险故事中，入室盗窃、拐骗等剧情最终回归的主题是脱身后的强盗上前为朋友两肋

---

[1] 美国本部黑手党。——译注
[2] 意大利黑手党。——译注

插刀，最终锒铛入狱，这就足以证实安逸的生活并不是这些坏家伙的动力。他们喜欢在一个持续兴奋的状态下燃烧自己。

　　背井离乡之人的动力源于人类的普遍期望，即摆脱贫穷，过上好日子，这恰恰证明了一定程度的安逸舒适好过穷困潦倒。如果只求生活殷实而不是让生活变得越来越好，那我们就不会如此危言耸听。视金钱为粪土的态度让人钦佩不已，但我们不能以"工业繁盛时代已经结束"（汉斯·尤纳斯［Hans Jonas］）为借口，将这种态度强加到年轻人身上。法国日复一日地咒骂金牛犊，做得极其过分，在工商业取得的丁点儿成功都会被怀疑成诈取、偷盗。我们打击了一代又一代的年轻人，让他们空有满腔发明与创造的热情。我们让最有才华的人落魄流散，他们的才华也许会在别处得到认可和回报。企业精神、积极主动的态度以及金钱的诱惑都不可耻。如果说有肮脏的金钱，那也有通过劳动、智慧、胆量赢得的干净的金钱。无论是在重要性还是危险性上，金钱引发的问题远没有缺钱招致的问题来得严重。我们不由得提出一个问题：自世间万物均可出售以来，是如何做到仍还有东西可购买的？

像讨论货币一样讨论艺术

　　维克多·雨果（Victor Hugo）认为："每一位伟大的作家都把笔调刻进了自己的肖像中。……诗人和作家一样。他们必须得铸造钱币。他们的肖像应该显现于流动的思想里。"[1]瓦莱里（Valéry）带着嘲讽的语气对此回应道："雨果是亿万富翁，不是王子。"[2]奇怪的是，对这位《巴黎圣母院》的作者做出了同样指责的还有马克思的女婿保罗·拉法格（Paul Lafargue）——1885年5—6月，被囚禁在圣佩拉几监狱的他抨击诗人的背信弃义。他尤其斥责了"这个反动派、伪善人"的贪婪，"他们如此热爱穷人和他们巨大的财富"[3]（写给恩格斯的信）。写一本书、画一幅画、拍一部电影，其实都是在发行证券，证券的价值由公众决定。作家用文字赚钱，财政大臣福凯（Fouquet）用"诗意的津贴"资助拉·封丹。最终，艺术作品就会像货币一样，依托于一层薄薄的纸面，自信且坚信不会遭受背叛。"故事即现金"这句格言所要表达的是：听故事，并相信故事是真的，这和数钱一样简单。若说一部作品胎死腹中，也就是说这部作品未曾出去游历过，只局限在一个小圈子里。比如，如果书是一座墓碑，谁都无法搬走，那就不会有类似拉撒路（Lazare）的人物为人知晓。书在众人手中传递，不断地积攒财富，一幅画、一部电影、一首歌曲均如此。它们的价值来自拥有更多的受众。这些作品应该走到聚光灯下，供人评论、倾听、赞赏，但这些作品被投放到了最不稳定的市场——即生性多变的舆论市场。蜂拥而至的小说、电影、歌曲和展览压得我们喘不过气

---

[1] Victor Hugo, *Choses vues*, 1870-1885, tome II, Folio Gallimard, 1997, p. 272 et 398, 引自 Jean-Joseph Goux, *Les monnayeurs du langage, op. cit.*, pp. 133-134。

[2] Paul Valéry, *Mauvaises pensées et autres, Gallimard*, 1942, 引自Jean-Joseph Goux, *Les monnayeurs du langage, op. cit.*, p. 41。

[3] 引自Serge Koster, « D'Harpagon à Shylock », in A. Spire (sous la dir. de), *L'argent, op. cit.*, p. 33。

来，同一批观众，前一晚还爱慕你，第二天就带着让人无法生气的天真，把你忘得一干二净。

马拉美（Mallarmé）把诗人比作动词的炼金师，他们寻找着点金石，远远地避开那些被银行家，即不光彩的上帝所糟践了的单词。在马拉美看来，艺术作品逃离了"劳工协议"的束缚。[1]但这位完美的诗人没有认可他所抵制的制度吗？艺术圈里都是达尔文主义——淘汰和筛选的拥趸，但这个领域在传统意义上是偏左的，其中的市场规则同样无情。成为一个画家、音乐家、演员、导演或作家，其自身的价值只归功于他人的观点。只要一贬值，就被认为过气了。一旦人们不再相信一个艺术家，他的价值就会顷刻崩盘。娱乐圈、知识界的大腕儿所标榜的宽宏大量与创作者身上应有的冷酷无情是脱节的。在放荡不羁的文学界和先锋派中，公众态度只有赞成或无所谓两种。正如在古罗马斗士的决斗里，罗马皇帝竖起或放下大拇指一样。这就是选择自由和想象力所要付出的代价。当一个作品有了权威，那么它的价值就显露了出来：恰恰是因为它吸纳了多层意义，它的读者、观众、听众也在不断壮大。随后，它就逃离了迷恋和遗弃的更迭怪圈，以永恒的方式流传下来。

---

[1] 关于这个话题，参见Jean-Joseph Goux, *Les monnayeurs du langage, op. cit.,* pp. 156-158，相关讲解透彻清晰。

第六章

富裕会招致不幸？

若金钱无法带来幸福，那就把它还回去吧！

——儒勒·勒纳尔（Jules Renard）

匪徒串通了一个品行不端的警察和手脚不干净的柜员，组织同伙在一家购物广场实施抢劫。这起策划完美的持械抢劫涉案两百万美元，以至于匪徒在分赃时发生了口角，相互残杀。这帮匪徒的首领带着未婚妻乘飞机逃走，抢来的赃物被装在一个劣质皮箱里，需要拿去机场柜台托运。然而，托运车把行李运往飞机货运舱时，突然在停机坪上刹车停下，不速之客——一只小狗——闯进了匪徒首领的命运，它从主人的怀里蹦出来，窜到了托运车的车轮底下。装满钞票的箱子滑到地上，箱子上的锁一弹开，数千张钞票就在飞机引擎转动带起的风中四处飘扬。[1]数千张百元美钞如雨般从天而降，上演了一出可悲的钞票舞蹈秀。这只箱子，原本是他坐拥财富以及新生活的保证，但从这一刻开始却变成了他没落的标识。

模压出花纹的自由

简单地说，当金钱可供我们大肆挥霍时，金钱就把我们从其中解放出来了，但这种情况极其少见。金钱因此成为无忧无虑的代名词，我们无须再精打细算。我们约定俗成地使用这个纸币牢笼来交易结算。但这个牢笼同时也是我们的避暑山庄，是我们的安乐窝。它既是压迫我们的暴君，也是解放我们的救星。对于那些颠沛流离的人来说，钱是他们的移动式住房，他们可以以珠宝、一沓钞票以及黄金的方式把这个家随身携带。最终，金钱成为对未来的保证，提起"明天"时不会担心一无所有，但这并不能够成为一周后或一个月后的保证。

没有什么比在荷包里揣着一笔钱闲逛更惬意的了。它是一个令人心安的保护垫，是一本实现自我超脱的安全通行证。现金这个东西使得生活顺畅无阻，让人过上了无忧无虑的日子。现金缓和了矛盾，让我们得以摆脱烦琐的账目，不用对小数点后的数字斤斤计较。1862年，俄国小说家陀思妥耶夫斯基（Dostoïevski）在其作品《死屋手记》（*Souvenirs de la maison des morts*）中写道："金钱是模压出花纹的自由，对于一个完全失去自由的人来说，弥足珍贵。"

---

[1] Stanley Kubrick, L'ultime razzia, 1956.在由亨利·维尼尔（Henri Verneuil）导演，阿兰·德龙、让·加本主演的电影《地下室的旋律》（*Mélodie en sous-sol*, 1963)中，有个类似的场景，即赃物被撒进了一个游泳池。

据说，萨特曾一度在散步时身揣一百万旧法郎，把钱随机分发给路人和乞丐，借此获得双倍的喜悦，既做了好事，又通过肆意挥霍表达了对金钱的蔑视；一方面体现了贵族阶层的慷慨大方，另一方面体现了自由主义精神的崇高。西蒙·德·波伏瓦（Simone de Beauvoir）在《永别的仪式》（*La cérémonie des adieux*）一书中描述说，萨特临终前，因挥霍无度而资产殆尽，他担心因没钱而无法体面地照顾自己。[1]我们一日日消费着一笔笔小数额的金钱，它们就像我们体内的一条条DNA，都是我们为了生存而必须舍弃的等价物；生命提取着它的贡品，无论这极小的损失有多不值得一提，都终究有其自身的分量。

当人们忘记金钱本身时，金钱才会创造生活的乐趣，金钱从来都只会在看似缺席的场合中露面。对于"值多少钱"这一问题，有人回答"不是事儿"，这只能说明对其他人而言至关重要的问题对他来说早已得到解决。如此甚好！对金钱是否持有正确的态度精确地区分了祥和与忧虑这两种状态。如同身体内的各个器官只有保持"祥和"的状态才能保证健康一样，健康只有在人们感受不到其健康时才是恰到好处的。这种健康需要小心谨慎的态度，因为人们并不能完全忽略它的存在，因为人们从来都不会不关心自己的身体。这就是为什么所有人都会对此予以重视，包括富人在内，尤其是富人。

信贷：允诺和债务

信贷产生于现代社会，它于20世纪20年代在美国萌芽，到50年

---

1 Simone de Beauvoir, *La cérémonie des adieux*, Folio Gallimard, 1974, p. 153.

代又在欧洲兴起。它首先带来了一种新的欲望模式。信贷的出现颠覆了人与时间的关系。在此之前，为了得到一样东西，每个家庭都得服从于等待机制，用连续好几年存下的积蓄购买房子或自己的心仪之物。但从此以后，我们可以向未来借钱，相比于垂头沮丧，我们更偏爱及时行乐。"所有人，即刻行动"，"五月风暴"中这句表面上看具有颠覆性的号召，也成为市场的口号。当我有需要时，只有市场会邀请我拿走我想要的。担心我的需求不够，市场还不停地变着花样引诱，上演商业式"肚皮舞"，防止欲望干涸。信贷，打开了通向未来的窗户，也使得我们的后代变得极度地缺乏耐心，因为有了信贷，一切都有可能变为现实。最起码的愿望就是信贷可以永存，即便冒着打破合理债务底线的风险。[1]而这恰是问题的症结所在。

更多的问题接踵而至：我们以赊账的方式出生，还未还清的祖先的债务。出生就是出庭受审，因为我们都是后来人，我们的生命都归功于他人。在这点上，两种不同的社会形态各执己见：一边是传统社会，认为债务是还不清的，应该父债子还；另一边是现代社会，认为这个忠诚的义务不会对个人事业的腾飞和新历史的创造形成阻碍。这些人正是通过教育和工作，赎回了他们的出生，从而无须永远向他们所属的群体偿还生命的馈赠。商品经济时期，个人主义开始萌芽，与封建社会及其强制性的连带关系相抗衡。个人主义首先对人进行了划分，被划分的人随即可以选择重新组团，这全凭个人意愿，选择的根据来自特定的相似点：不再受到他人的压制，在爱情和友情中，我们可以随心所欲地挑选喜欢的对象。有胆量去创造另一种命运，有勇气用第一人称讲话（而不是集体中一颗不

---

[1] 参见François Rachline, *D'où vient l'argent?*, op. cit., pp. 110-112。

起眼的小螺丝钉），这是打破羁绊的一种特定方式。传统型、整体型社会是"偿还型社会"，而现代型、个人型社会则是"信用型社会"；在前一种社会中，我们一直都是债务人，用宗族、团体、家庭做担保，被迫不断地归还得到的遗产。在后一种社会中，我们勾勒出未来的蓝图，手拿预付款，冲破传统的牢笼。

从此，谋生的目的是能够按照自己的意愿生活。为了能够做自己的主人而不是别人的附属，每个人必须为此付出代价。多亏了如浮士德式协议一般的信贷，我们能够出让时间，用自己的未来做抵押，从而过上更好的生活，将未来变成附属品。大部分美国大学生从进校开始就因为学费而欠下了好几万美元的外债。一部分人直到退休都无法还清欠款。一旦为人父母，自孩子出生那一刻起，就轮到他们存钱供孩子上学了。现代社会给出的最大承诺就是废除原罪：众所周知，对于世上出生的每一个个体而言，生命是馈赠，而非债务，它是我们可以自由使用的特权。传统分子扛起义务的重担，现代分子则插着承诺的花束。

承诺大多以这类缓和的方式兑现：自从无须担心遗产、顾虑祖先后，我便成为一个当下的纯粹的自己，演绎了一段重生的神话。作为自身命运唯一的负责人，我划分角色是为了更好地展现自我，放贷者和借贷者都是我一个人。自孩童时代开始，无论在家中还是学校，我们都被引导着要成为"有价值的人"，不能贬值，不要向"不值得"的人"献殷勤"。有一个说法模棱两可：我们自比为货币，市价不断变化，我们对未来自身价值的提升不抱有任何期待。这首先是一种进步，感觉到自己的升值是自我超越的强大动力。这种有所期盼的命运不同于被强行安排的命运，前者构建了我们所说的自由。我希望拥有一个更为广阔的美丽人生。然而，这种获得解放的机制却是扭曲的，因为若没有他人，就无法进行自我塑造，除此之外，本我也变成了自己的债务。人们必须时刻对得起自己的价值，体现自身价值，力求得到同辈的尊重，并向他们证明自己"是个人物，而非无名小卒"（以赛亚·伯林［Isaiah Berlin］），如此一来便身陷囹圄，永无止境。我们必须不断地收集证据，证明自己的勇气、能力及智慧，以期说服自己并让舆论法庭相信自己的一番说辞。人们感到自己已摆脱了过去，却无法摆脱曾经预设的理想自我。每个人都进入了一种没有保障的生活，试图给自己取一个不同于父母或他人的名字。如果说集体主义的重压成了传统分子的梦魇，那么对自身身份的不确定性则是现代人的梦魇。每个人的独立都需要外界的认同和附属。期待别人肯定自己的进步或者才华，这或许会导致本体论上的安全感的缺失永远得不到弥补。

  货币贷款貌似是最难还清的，即便如此，社会上的许多人还是欠下了债务，渐渐背上好几个零的贷款，不得不使出下策凑钱。侦探小说家帕特罗斯·马可瑞斯（Petros Markaris）讲述了一个故事，经济危机发生之前，希腊各大银行给客户赠送了一些适用于不同情况的信用卡，如结婚、度假、买车和买房等。消费者从此不再强迫自己偿还一切。他们对消费的沉迷很快就被还款丑闻泼了盆冷水。美国也随意地发放各种类型的信用卡，引诱个人流转于不同的信用卡之间，每张卡各有千秋，并根据个人的还款风险提供服务。[1]一个家庭只要没有刷爆卡，银行就会大摇大摆地上门推销，不欠账反而成了一种耻辱。存钱会被拒绝，甚至遭人奚落。有些信贷机构还会根据之前的信用记录给用户提供使用"还贷假日"的自由。对于信贷机构而言，欠款利率比一次性偿清所有债

---

[1] Damien de Blic et Jeanne Lazarus, *Sociologie de l'argent*, La Découverte, 2007, pp. 60-62.

务的利率更高。[1]

  在这一方面，法国是个储蓄大国，紧紧地把财富攥在手里。法国的存款型经济模式与美国的挥霍式经济模式形成了对比。在美国，信贷不仅仅是获取财产进而弥补低收入的一种方式，同时也是促进资金流通，挖掘最细微的、隐匿起来的财富的一种手段。这就意味着连最贫困的家庭也相信，他们能够无所顾虑地获得想要的东西。整个国家可能会因此陷入购买的狂热之中。正如2008年的次贷危机所印证的那样，这种购买与实际利润毫无关系。记忆一旦模糊，这样的危机又会卷土重来。信贷超速疯狂地发展，金钱以一种虚拟的方式得到强化，但这种方式与工作没有任何关系，华丽迷人的明天转而成为懊恼不已的过去。对未来欠下的债务也会毁掉未来，子子孙孙成了债务的抵押品、一时之欲的牺牲品。

最后一苏

  让·梅尔莫兹（Jean Mermoz）是空邮公司一位著名的飞行员。1924年，从军队复员后，他经历了一段悲惨黑暗的时期。当他把身上的最后一苏扔入海中，再次从零开始时，他的传奇故事也就此拉开了帷幕。上文提到过的比索舅舅也绝不会抛弃他的"幸运币"，即他的第一份收入，靠擦皮鞋赚到的第一桶金。陀思妥耶夫斯基笔下的赌徒输了个精光。当口袋里只剩下一个古尔登，也

---

[1] Robert Frank, *La course au luxe*, Markus Haller, 2010, p. 79 sqq.

就是一顿晚饭钱之后，他离开赌场，随后又半路折回，用最后一个古尔登下注。二十分钟后，他带着一百七十个古尔登从赌场出来："倘若我当时任凭自己输下去，倘若我不敢孤注一掷，又会是怎样的结果呢？"在穷困潦倒面前，有三种态度：不屑、迷信和冒险，即重头开始，提防一切随机性和背水一战。每一次，都会选择一种对待运气的态度：不屑或者挑战。

幸福与舒适的困惑

1974年，在一项著名的研究中，美国研究员理查德·伊斯特林（Richard Easterlin）表示，舒适感与国民生产总值并不呈正相关。[1] 高收入不仅不会带来丝毫的满足感，甚至还会给个人带来不利。少量的财产倒有可能让人心满意足。[2] 社会令人称奇的发展与进步并未创造出任何额外的幸福感。卢梭对奢侈之风的批判不无道理：过去的艺术和科学以及如今的计算机、智能手机和汽车都不足以保证生活的质量。[3] 我们在"物质富裕的时代，饱受精神上的饥荒"[4]（戴维·迈尔斯［David Myers］）。

那证据呢？如果我们相信历史上流传下来的一句古语，那么大

---

[1] Richard Easterlin, *Does economic Growth Improve the Human Lot? Essays in honor of Moses Abramovitz*, New York Academic Press, 1974.

[2] 参见Jean Gadrey, *Adieu à la croissance. Bien vivre dans un monde solidaire*, Les Petits Matins/Alternatives économiques, 2010, 引自Laurence Duchêne et Pierre Zaoui, *L'abstraction matérielle, op. cit.*, p. 183。

[3] 参见Robert et Edward Skidelsky, *How Much Is Enough?*, Allen Lane, 2012, p. 104。

[4] 引自Barry Schwartz, *Le paradoxe du choix*, Michel Lafon, 2006, p. 118。

人物注定是不幸的。过去，人们总说他们在自寻烦恼，成天无事可做，百无聊赖，不知如何消磨时光，焦虑地寻找新的乐子。他们用憎恶的态度来为诱人犯罪的财富赎罪。处在穷苦百姓中间，他们因富足感到绝望，因享有富足的生活而感到愧疚。闲散的生活本应该是他们的骄傲所在（唯有那些平民才会受到劳动的惩罚）却成为他们的不幸。这些"郁郁寡欢的国王"在纸醉金迷的空虚中慢慢死去。我们不得不承认这是一个中肯的观点：它使得穷人能够接受自己的生活状况，因为富足之人的生活要痛苦千万倍。不用羡慕或打倒富人，因为他们已经身处地狱。

如今，这种无稽之谈还在发酵：智者想向我们证明，有钱人在痛苦中蹒跚前行。这个手段虽略显粗劣，但在危机时刻，却能让人心甘情愿地认命。一方面，有钱人并非是不幸的，也没有那么懊悔不已，从未见过哪个百万富翁在《20点新闻》中跪求宽恕；另一方面，烦恼不受限于阶级壁垒，它大面积地延伸到工作领域，不论是工作还是失业都挡不住哈欠的袭来以及单调可怕的生活。也许富人真的会在左手私人飞机、右手私人游艇的奢靡生活中苦不堪言，而穷人则是在大楼的小隔间或是廉租房里长吁短叹。1968年的口号是，不能为了赚钱而失去生活。如果什么都没赚到，就能保证生活变得更好吗？如今，平民阶层貌似也已像贵族一样蔑视工作，与此同时，富裕阶层则成天劳累过度，标榜自己每星期60—80小时的工作量，以此作为身份优越的象征。当工人阶级越来越向往休闲安逸时，上流阶级正惬意地享受着以前专属于人民的劳奴制。如果机器人即将代替人类，工作岗位锐减，如果数字革命牵连出一大批失业者，让高收入的技术精英更为吃香，那我们将面临双重风险——社会契约的毁坏、工作意义的湮灭，可以把这个理解为一个逐渐成熟再到自我转变的过程。大部分公民，享受不到这个福利，将沦落到边缘农奴的地步。一些人热衷改变世界，另一些人则热衷消费这个世界，也就是说，于后者而言，他们不再是世界的建造者，而是世界的主体。经济补助成为出生工资，呱呱坠地也值得被奖赏一番，这是普遍最低工资可能带来的风险。但之后是自由发展呢，还是忍气吞声地靠着社会救助给予的面包和游戏维系生活呢？

为此，浩浩荡荡的文学作品都在深刻地反思金钱是否可以创造幸福。这个问题是毫无意义的：没一个研究者会为了获得更多的快乐而打算放弃工资。[1]但在这场辩论中，大家混淆了两个明显不同的要素：舒适和幸福。第一个从属于政治、经济范畴，涉及住房、医疗、运输、自然保护的统计指标。第二个则是一种主观感受，关乎个体的性情。通过物质富裕来谋求幸福，并没有捋清两者的关系，反倒继续将两个不同的概念混为一谈。"社会给自己设下一个实现不了的目标，即幸福，我们该如何理解这一悖论？"丹尼尔·科恩（Daniel Cohen）反思道。[2]总而言之，在漫长的历史进程中，物质资源不断丰富，而幸福却从未像现在一样难以企及。若对此表示异议就奇怪了，因为它很容易就被推翻：正是因为我们的社会把幸福作为发展前景，才会因为从未达到过这个目标而愤怒不已。[3]极乐世界最终只会被绝望淹没，所以说这个目标是如此荒谬。

---

[1] 一定数量的调查显示，和既定的想法相反，人越富有，就会越幸福。鹿特丹大学的维恩哈文（Ruut Veenhoven）和弗洛里斯·沃根斯特（Floris Vergunst）教授由此建立了"世界快乐资料库"，收录了世界上67个国家的资料。同时，丹尼尔·萨克斯（Daniel W. Sacks）、贝齐·史蒂文森（Betsey Stevenson）和贾斯汀·沃尔弗斯（Justin Wolfers）为德国劳动研究所（IZA）工作时，在研究中得出了同样的结论，收入水平越高的国家，幸福水平越高。参见 Marie de Vergès, *Le Monde*, 26 février 2013。

[2] Daniel Cohen, *Homo economicus*..., *op. cit.*

[3] 参见我的另一本书*L'euphorie perpétuelle*, Grasset, 2000,在这本书中，我分析破解了强制幸福的神话。

金钱缓解厄运的冲击

并不是所有人都在找寻幸福,这只是西方的幻想而已。每个人都在试图避免不幸,但这又另当别论了。尤其是当你把开心作为唯一的终极目标时,就会难以忍受悲痛的时刻,也没有心思从中走出来。我们之所以感到不幸,是因为我们无法时时刻刻都感到幸福,这就是现代式的荒诞。因此,对商业逻辑的指责是错误的,因为错不在经济,而在于时代精神。消费者保护主义以及物质富裕都无法满足我们。[1]如果想借此表达一种绝对的充实感,那就必须承认除了爱情带来的简单的快乐,很少有事情可以让我们完全满意。亚里士多德说,我们无法一直拥有本该拥有的幸福,也就是说只能间歇性拥有。

比如说,用摆脱了物质束缚来解释为什么我们七十岁的时候会比四十岁时更加开心,这样的论述并不充分。[2]如果有人假设退休与心神安宁之间存在联系,那他至少忽略了两个要素:退休者游行是为了抗议退休金的削减,同时也是在和退休带来的空虚感做斗争,而这种空虚感正是老龄化社会面临的最大问题。实话说,没有什么比在进入老年期的同时陷入经济困境更痛苦的了。更奇怪的是,某些经济学家[3]又再次回到先前他们已经抨击过的问题,建议把幸福变为货币的新指数。这样的话,我们应该铸造"幸福

1　参见Robert Frank, *La course au luxe*, op.cit.。
2　"回访时发现70岁的老人拥有30岁时的幸福感。80岁的老人(普遍来说)保有18岁的快乐。怎么来理解这个惊人的调查结果呢?……衰老可以减负,不再积累无用的财富,反过头来满足于固有的财富。"(Daniel Cohen, *Homo economicus, op. cit*., p. 27)
3　Tel Daniel Cohen, *ibid*., pp. 198-199 sqq.

硬币"，来表明我们的"国内幸福总额"。这使人想到1972年，不丹国王提出"国民幸福指数"后不久，一场经济危机顿时给不丹百姓泼了盆冷水。

许多经济学家因没有预见到2008年的经济危机而懊恼不已，打算把经济学扔到垃圾桶里。我们被骗了。"经济学家是没有底线的商人"（丹尼尔·科恩［Daniel Cohen］），"经济学家总是在自我催眠"，认为自己满足了我们无限的认知需求。（让·皮埃尔·迪普伊［Jean-Pierre Dupuy］）[1]怎么会不是呢？可是，人们对这个学科抱有一百个不满意，这种不满意实则是对人类境况的不满意。生命若不是一个美丽的幻想、一场疯狂的冒险，那又会是什么？我们应该相信那些醒悟过来的人，回归到更为真实的价值上，如友谊、合作、团结。但经济学在哪些方面过时了呢？人们打算重新勾画一个心灵地图，指引人们走向理想的思辨高地，在那里，人们靠淡水和美好的思想生活，禁欲类的陈词滥调骗不了任何人。经济学家一旦溃败，整个社会就会病倒。20世纪20年代，德国的通货膨胀让人变得多余，埃利亚斯·卡内蒂（Elias Canetti）在解释该现象时就明确表态："货币贬值是女巫的巫魔会，在场的人和结算单位之间会产生神奇的效果。双方互相依存，人也感觉和货币一样'糟糕'；这种情况还每况愈下。总之，人任凭货币支配，感到和货币一样毫无价值。"[2]

从命令式的幸福中解放出来显得尤为重要，这种疯狂的追求让我们在痛苦的挫折与愚蠢的期待间摇摆不定。这让人联想到希腊神话。我们在坦塔罗斯和弥达斯之间摇摆不定。前者腰缠万贯，出于报复心，在一次宴会上用自己的儿子来款待诸神，犯下

---

[1] « Les anti-économistes ont la parole », *Le Nouvel Observateur*, 23 octobre 2014.
[2] Niall Ferguson, *L'irrésistible ascension de l'argent*, op.cit., p. 103.

弥达斯触碰过的一切都变成了金子

大错；宙斯惩罚他，将他永远打入地狱。当他在河边想喝水时，河水就会干涸。当他在树下想摘果子吃时，风就会吹起树枝，让他够不着。他的头顶上吊着一颗摇摇欲坠的石头，随时都有可能把他压碎。弥达斯是佛律癸亚的国王，曾收留了一位名叫西勒诺斯的老醉汉。西勒诺斯主动提出帮他实现一个最宝贵的心愿。弥达斯要求自己碰过的东西都能变成金子。于是，他想喝的水、想吃的肉立马就变成了金块。周围的一切都变成了金子，为了摆脱这个咒语，弥达斯必须去帕克托罗斯河洗澡，河水可以卷走这些金子。无法满足人的种种需求是一场灾难。满足了，同样也是灾难。有求不应和有求必应都是陷阱。

钱"创造"不了幸福，从严格意义上来说，什么都创造不了幸福，没有任何窍门和技术，但钱可以缓解不幸，让我们得以避而远之。它是抵抗命运打击的一面盾牌。金钱决定了我们是否能够得到照顾，接受优质的教育，住上体面的房子，等等。金钱带我们躲开逆境带来的不幸，给我们种种方法克服逆境。这就是它无可替代的地方。

证券交易人忏悔的威胁

偷税漏税之风成为金融界近三十年来的标记,一些银行和储户对着干(尤其是高盛集团)[1],它们向客户出售跌价的证券,从而催生出一个新的角色:忏悔经纪人。这类人海盗似的敲诈勒索客户,几乎骗光了客户所有的财产,但社会默许这类人拥有优越的社会地位,他们也顺势成为"资本掠夺"的领军人物。现在,他们重新穿上了忏悔者的棕色粗呢大衣。金融界最主要的几个区笼罩了一种神圣的气氛。伦敦证券交易所不就坐落于主祷文广场上吗?经纪人和修道士的生活相差无几,他们的作息时间令人抓狂,日程安排分秒必争,常常在交易室里关禁闭,他们的交易室服务设施齐全,包括俱乐部、健身房、医生、营养师等,这就会牵扯到家庭、恋爱关系的破裂。

这种禁欲主义有时会滑向其对立面,出色的实干家也会耽于声色,成为衣冠禽兽,或是许下无数诱人诺言的巫师。他催着你加入进来,好大赚一笔。一旦被抓住现行,某些诈骗犯就会优雅地选择自杀,比如从华尔街的某座摩天大楼上一跃而下。[2]通过一些晦涩难懂的首字母,每个骗子都编了一番说辞、一套戏法。所有的诈骗都经过了精心设计,比如说"锅炉房骗局"[3]。人为地提升公司的股价,

---

1 Jacques de Saint-Victor, *Un pouvoir invisible. Les mafias et la société démocratique*, Gallimard, 2012, p. 346.
2 参见 Jay McInerney, *Trente ans et des poussières*, Seuil, 1998。
3 一种证券诈骗的手段,用电话、邮件等形式推销不存在的投资。——译注

吸引投资者购买，随后又倒卖出去，这曾是乔丹·贝尔福特（Jordan Belfort）的行事特色。他是电影《华尔街之狼》（*Le loup de Wall Street*，2013）主人公的原型。贝尔福特曾欺骗了1500余名客户。另一种则是电子诈骗，凭借一种算法，设置大量买进卖出的订单，然后在最后关头全部删除，它会根据不同的位置，把市场推向最高点或最低点，从中赚取差价。

交易大厅的气氛是歇斯底里的，"黄金男孩""大老二"（Big Swinging Dick，罗伯特·古尔里克［Robert Goolrick］）[1]的虚张声势、大男子主义、可卡因、苯丙胺、私人飞机、应召女郎。这些年轻人长期处于亢奋的状态，绷紧了弦，24小时在线。员工对商行的忠诚度是转正考核的一个依据。有些人必须连续三天每天工作20小时，不能有半点懈怠[2]，这会加速劳损，使得其在35岁左右被当作废品扔掉，就像模特和运动员一样。这是一个会重度上瘾的游戏。这些小老板穿着吊带裤，自认为是宇宙的统治者。借助一种"高频率交易"工具，眨眼间，数以千计的订单纷至沓来。这种工具还可以探测到市场中最细微的颤动，拥有无穷的破坏力。在本身受到影响和摧残的情况下，他们又用匿名交易的方式啃噬弱者，制造一次又一次的暴跌，眉头都不皱一下。股市暴跌是对超负荷系统的一次清理。

有一个悖论，当超级计算机在数纳秒间发送买进卖出

---

1 参见Robert Goolrick, *La chute des princes*, UGE, 10/18, 2016。
2 参见Kevin Roose, *Young Money*, Grand Central Publishing, 2014, p. IX。

的指令时，钱就不再具有价值了。我们将陷入对数学的恐慌中。上百万、上亿的数额在一瞬间灰飞烟灭。"闪电崩盘"时，股市的滑铁卢就像马拉美说的那样变为无数个夸张的数字。灾难就在技术迅猛发展的光环下发生了，无人掌舵，但人人都想加速前进。这些证券交易人很快就被机器人代替，买进卖出只是千分之一秒的事情。那这些超级计算机会被控诉欺诈行为、内幕交易吗？利益崩盘时，即为极度的贪婪转向挥霍一空之际。

这种过度的激情会以排毒治疗、道德讲座、瑜伽练习、禅宗、冥想，甚至是虔诚的祷告等方式得到缓解。2014年10月，坎特伯雷大主教贾斯汀·韦尔比（Justin Welby）在国际货币基金组织的一次会议中号召全世界所有的年轻银行家加入宗教团体，为穷人奉献一年。有钱人都会本能地谈及道德抑或团体利益。在他们身上，内疚有时候和罪孽没有明确的界限。在热罗姆·凯维埃尔（Jérôme Kerviel）事件[1]中，交易员转变为殉难者，成了背有经济罪的羔羊。不得不承认，凯维埃尔是一位出色的舞台导演，对符号机制保持着敏锐的直觉。他知道，在天主教国家，人们更愿意宽恕悔改的罪人，而不是宽恕从未犯过罪的正直之人。这可谓幸运的堕落。他去罗马朝圣，受到教皇的接见，获得了极左、国民阵线和教会共同授予的盔甲，其中教会主教迪法尔科（Mgr Di Falco）还主持了支持他的委员会，这一切使他成为一个伟大的艺术家。人

---

1 凯维埃尔是前巴黎法国兴业银行交易员，他被指控对造成法国兴业银行49亿欧元损失的欺诈性股指期货交易负责。——译注

们不应该对此付之一笑，正如警察和法警依靠犯罪团伙里的忏悔者一举捣毁窝点一样，我们需要这些背叛者去挫败权势之人的阴谋。计算机科学家亨利·法尔恰尼（Henri Falciani）曾是赌台管理员、勒索者、操纵员、幻想家。2008年，他在日内瓦汇丰银行总部窃取了电子清单，进而曝光了银行偷税漏税的罪行。换句话说，这些犯了罪的银行家一旦成了警察，就比谁都清楚该行业的秘密。任何犯罪组织，甚至是圣战战士里头，都有叛徒。这些叛徒有时候是被买通的，比如在美国，根据"杜德·弗兰克法案"（2011），告密者若揭露金融领域的犯罪行为，只会被处以10%—30%的罚款。以钱消钱的代价便是把赏金猎人转变为有酬劳的举报者。法国计划采取类似的措施，靠叛徒从内部打压腐败。他们犯了罪，但都愿意以赦免和收入做交换来赎罪。这就是伦理上的盗贼。先前的无赖如今成了最好的警察。

嫉妒：平等的弊病

嫉妒是在看到他人的幸福时所感受到的痛苦。让他人快乐的反而让我们痛苦，让他人痛苦的反倒叫我们开心。在旧制度中，如此龌龊的想法也受社会地位的限制。想要跨入上流社会的小市民虽能够拙劣地模仿贵族，但是由于社会地位低下，并不为贵族阶级所接纳。贵族与普通人之间横亘着无法跨越的距离。法国大革命通过主张人类平等让所有人都可以参与竞争。在这样的社会中，少数人的成功和多数人的落魄都让人无法忍受。现代化许诺给每个人以金钱、幸福及充实，将原来躲在暗处的、人与人之间的较劲合理化。财富多少的变化让人们时而欢喜，时而气恼。以上种种加之攀比心理的毒害，还有从成功与失败间衍生出的怨恨都会让每个人陷入欲望与失落的怪圈中。亲密关系更是放大了人性上的这一弱点，我们会觊觎对方的身材、工资、爱情以及谈吐。生活舒适又充满活力的人会凸显你的局限性，长期与他们生活，只会是在伤口上撒盐。左拉曾说过："巴黎的穷人是穷人中的穷人。"若不是一直目睹富人张扬自己的快乐，我们其实也可忍受自己所遭受的不幸。所有的一切都会滋生嫉妒：他者的幸福、财富、社会地位，甚至是疾病和苦难，因为不幸可以博取更多的关注。

有两种不同类型的社会，在其中一种社会中，不平等是振奋人心的，而在另一种社会中，不平等让人丧失斗志。不同社会等级的人共同生活，其中的对峙令人咋舌，更会激起愤怒。卡尔·马克思曾说过："一个小房子不管怎样小，在周围的房屋都是这样小的时候，它是能满足社会对住房的一切要求的。但是一旦在这座小房子近旁耸起一座宫殿，这座小房子就缩成可怜的茅舍模样。"[1] 是近距离而非远距离催生了嫉妒。这就是为什么在法国，成功像串通好似的一同光顾精英中的合作伙伴，与此同时，在美国，企业家们则走到商场去讲述他们的经历，并鼓励听众以此为榜样。

不妨思考一下这个情形：一到夏天，船坞边聚集了一大堆的游客，穿着短裤，踩着人字拖，羡慕着在游艇上享受奢靡生活的富豪。突然的冲击会激发出各种反应，像是我要努力拼搏，以后成为他们中的一员；再或者，我要抗议，任何人都无权如此明目张胆地

---

[1] 参见《马克思恩格斯全集》（第六卷），中共中央马恩列斯著作编译局中译，北京：人民出版社，1965年，第492页。

1789年，雅克·路易·大卫为鼓舞革命者而创作了《苏格拉底之死》

炫富；也有人持更为理性的态度：我为这些幸运的家伙感到高兴，但是我不会通过物质的铺张来丈量生活的意义。富人自身也受到嫉妒机制的钳制，羡慕比自己更富有的人。除了一般的富人，还有大富翁以及出手阔绰之人，他们的排场总是惹人不快，还把标准抬高到一个无法企及的高度。美国革命以及法国大革命在打开了装有平等以及追求幸福权利的潘多拉盒子之时，也放出了攀比恶魔和竞争的怪物。

　　古希腊人通过"贝壳放逐法"[1]将贤德之士驱逐出城邦，以期

1　贝壳放逐法（陶片放逐法）是古希腊雅典等城邦实施的一项政治制度，由雅典政治家克里斯提尼于公元前510年左右创立，约公元前487年，陶片放逐法才首次付诸实施。雅典公民可以在陶片上写上那些不受欢迎人的名字，并通过投票表决将企图威胁雅典民主制度的政治人物予以政治放逐。——译注

治愈内心的嫉妒,并打破不和的局面。16世纪的托马斯·沃尔西[1]（Thomas Wolsey）、17世纪的法国财政大臣尼古拉斯·富凯（Nicolas Fouquet）分别被亨利八世和路易十四惩处,就因为他们的风头盖过了君主。一个会引发嫉妒的社会,同样也会创造相应的机制去抑制它。比如,在电视新闻上看到别人的贫苦,我们反倒不合情理地感受到喜悦,觉得自己的贫苦并非无法忍受。如果媒体给我们展示了长相美丽、身家丰厚、有着古铜色肌肤的人,那么它也得记录名人逐渐没落的过程——眼袋、皱纹、爱情上的创伤、工作上的不顺等。媒体颂扬着人类的伟大,也不忘感叹他的缥缈：如日中天的偶像在几年内占据绝对优势,但终有一日会跌落到尘土之中。到头来,我也没有必要艳羡他们的命运。他人的喜悦若是过于张扬和显摆,会让人受伤。耳边回响着的欢笑声会让我陷入孤独与愁苦之中。儒勒·勒纳尔在《日记》（Journal）中写过一句箴言："快乐是远远不够的,还需要别人的不快乐。"幸福也算一种财产,其价值在于它独属我一人。一个嫉妒心强的人暗中窥伺,等待着他的榜样和竞争对手一落千丈。他可以从中感受到一种阴郁的喜悦,这种感觉近乎怨恨,因为他还需要找到一个新的对象去奉承,同时去厌恶。

只有报以赞赏才能逃离嫉妒的炼狱。他人是对手,他的光芒会刺伤你,但又不止于此。如果用舞台表演的术语来说的话,他还是一个提词人,给予我们灵感,提示我们还有一千种不同的生活方式,让我们去踏寻出不一样的道路。嫉妒散发出的恶狠狠的气息可以由此转变为好胜心和好奇心,他人也就成为欲望的引领者而不是烦人的绊脚石,帮助我们挣脱自身躯壳的束缚,进而获得成长。

---

[1] 托马斯·沃尔西(1473—1530): 英国政治家和红衣主教。——译注

餍足的幽灵

　　人们不可能鄙视金钱，也不可能奉其为神明，个中缘由在于钱仍旧是个抽象的概念。金钱使得我们占据上帝的位置，想要什么，就有什么。它赐予我们分身术，延伸了空间，也拉长了时间，这就是为什么挣钱远比存钱有趣。年纪轻轻就迅速积聚了大量财富，顺风顺水，没有阻碍，这就好比一种短路的刺激。谋生是负担，暴富类似于狂热的性爱游戏。而立之年坐拥百万资产的确非同寻常，但若再无其他目标去追随，也就演变为一件辜负了期望的蠢事。当然，这并不是富人阶层才能体验的失望，而是一种潜在的风险：餍足的幽灵。金钱是如此让人渴望，以至于其他的一切都不值一提。没有什么能与金钱所包含的无限可能性相抗衡，工作、世间的美好、亲密的感情联系又有何重要？当一切都唾手可得时，我们往往就不知道自己想要什么了。金钱不需要我们，它可以自得其乐。而拥有它会让我们感到快乐，即便除此以外一无所有。随着金钱逐渐往非物质化的方向发展，它好像不再是冷漠无情的，却也无疑变得更加危险，因为它掌控了纯粹观念的魔力。

　　任何人都可以书写幸福的自传，在其中，将自己的收入与各个阶段所体验到的自我满足感联系起来。不确定的是，两者的联系是否出于偶然，两者是否会相互排斥，毕竟会有很多其他的参数被列入考虑范围之内，诸如健康、年龄、认知、爱情、家庭等。年轻人的拮据不同于五十多岁人的困窘。我们对金钱的认知可以说是拥有的远少于应得的，但又比我们期待的多。二十岁时，可以像个王子一样生活在茅草屋中；七十岁时，像只可怜虫住在宫殿里，孤独寂寞，疾病缠身。我们或多或少都知晓几个不幸的有钱人，攒了一辈子的财富，却没有时间去享受。金钱像灾难一样侵袭他们，即便在自认为失去金钱的时候，他们也还是在攒钱。[1]他们还没来得及品味世间百态，就已经对世界感到腻烦。富足的生活让他们深感乏味，心底里盼望着经历几次挫败，这样就可以从零开始，重新体验一次惊心动魄的阶层爬升之旅。财富只有在不被物化的情况下才会令人兴奋。中世纪的法国诗人弗朗索瓦·维庸（François Villon）说过一句很精妙的话："在泉水旁渴死了。"叔本华（Schopenhauer）也借鉴了这个比喻，将财富比作海水，只会叫人越喝越渴。

到头来，没有的东西还是没有，更别提让我们对一切保有好奇的欲望之源。就因为留有太多的选择和可能性，我们便对什么都提不起兴趣。真正的恐惧是眼睁睁看着将我们和世界维系在一起的热情渐渐消失殆尽。我们说起颓废的有钱人时，就像克利西波斯（Chrysippus）在谈论一个傻瓜。傻瓜不需要任何东西，但也什么都缺[2]，关键的是缺失了一件最为重要的东西——觊觎并挑选出心仪之物的能力。金钱具有可怕的双面性，它既是通往快乐的通道，又是阻隔获得快乐的一堵高墙。金钱冰冷又将人灼烧，剥夺了我们美化日常生活的能力，而寻常日子才能建构出存在的诗意。

金钱有力地证明了以下悖论：每一个实现幸福的方法也可能让幸福逃之夭夭。换言之，当我们以为可以触摸到它时，它退缩了。总以为只要攒够钱，幸福就会像只小鸟一样落到我们肩头；而实际上，它是个幻灭的整体，渐消渐长。如果想要拥有幸福，就要接受它来了也会走的事实。像是上帝的恩宠降临在我们身上，意识

---

[1] 参见 Robert Frank, *Richistan*, op. cit., chapitre X。
[2] Cicéron, *Le bonheur*, IVe et Ve Tusculanes, Arléa, 1996, p. 120.

到的时候又烟消云散了，突然又短暂。与追求幸福相比，有些人对挣钱更有天赋，他们更喜欢看着数字不断增长，而不是好好把握瞬息万变的快乐。难道不是因为别无所长，他们才选择一心扑在挣钱上吗？

铲除欲望？

伦理学家一直都在探寻一个主题，那就是如何对优渥的物质条件做到无动于衷。他们认为人们对金钱的热爱使其丧失了理智，于是便在金银财宝面前大声宣告："有那么多我不想要的东西。"[1]（苏格拉底）哲学家们摆出理由说服我们对雄心壮志表示鄙夷，对财富的浮华表示不屑，对爱恨纠葛嗤之以鼻。他们就乐于扫别人的兴致。放弃成了他们的智慧的代名词。难道人类真正的苦难不正在于欲望的消亡，而非欲望的狂欢吗？

金钱实则是反映当代人心理状态的地震仪。它自身承载着民主社会的矛盾——想要一下子收获所有的幸福，紧接着又害怕幸福来得太突然。不管贫穷还是富有，金钱首先是我一直都缺的那件东西。靠什么来辨识出一名百万富翁呢？他们会抱怨钱永远都没挣够，只有拥有比现在至少多一倍的财富才能感到舒坦。他若是攒了500万，就会想要1000万，而当有1000万的时候，又想获得2000万。没有什么可以抚慰他的焦虑[2]，满足他对舒适安逸生活的设想。[3]就像他说的，生活成本太高了，馆子下不起，房子住不起，银行开户的起存金额高得吓人，以至于吓跑了申请者。每个人都在

---

[1] 参见Robert Frank, *Richistan, op. cit.*, chapitre X, p. 209。
[2] *Ibid*., p. 50.
[3] Sénèque, *Lettres à Lucilius*, *op. cit.*, p. 60.

审视自己，忖度自己没有什么，而不是去衡量已经拥有的东西。金钱像吐真剂，暴露了每个人的缺点和担忧。它与欲望以及对死亡的恐惧相关联，以虚构的方式对生存的不幸做出补偿。还在人类命运中植入了一个难以根除的幻象，即坚信我们终将登上金字塔的顶端。然而紧接着，我们又失落地意识到这是不真实的，有钱人和其他人一样会受难，也终究免不了一死。

落在每个人身上最糟糕的莫过于过剩现象，它可以扼杀欲望。以食物为例，北美是一个典型的深受财富困扰的国家，食物的丰足将百姓拖入过度消费以及肥胖的困境。美国人不是学着有所节制，而是让消化系统运转到极限，从早上起，每顿饭摄入的能量都严重超出了限额。针对商品泛滥的现状，人们主要采取了两个策略：限购和加价。伊壁鸠鲁（Epicure）就曾劝诫道，若想富有，就不要只顾攒钱，而应控制欲望，为自己建造一个舒适的居所，在那里没有忧愁，没有痛苦。[1]实际上，这是个狡诈的策略，实则就是主张完全的禁欲，再微妙点说，就是通过暂时的禁锢，使欲望变得更为活跃。另一个策略则是使欲望成倍增长。人们都不愿提及这样一个显而易见的事实：文明不意味着欲望的减少，反倒是欲望的膨胀，是对欲望的极度精致化。渴望的东西只有在得不到时才会有价值，就像爱情，永远不会耗尽被爱的那个人的一切。要将对金钱的迷恋与充满热情的金钱区别开来，前者是冷漠的，而后者则拥有一种魔力，如流动的液体，让激情绽放、蔓延。感情强烈并不是一个非得治疗的疾病，而是意味着一个装点世俗生活、摆脱无聊的机会。伟大文化的天资最首要以及最关键的在于美的发展以及无尽充沛的情感。关于后者，我们倘若不遭受任何伤害，便无法学会如何去规避

---

1 Sénèque, *Lettres à Lucilius*, *op. cit*., pp. 122-123.

它。获得美好生活的秘诀在于永远不缺让你惊奇的事物。解渴是为了更好地唤醒渴望。

反犹主义：从左派到右派

工会领导贝尔努瓦·弗拉商（Benoît Frachon）曾在1967年6月17日的法国《人道报》（*L'humanité*）中写道："一些金融巨头的出现赋予这个庆典除了宗教狂热以外的另一层含义……金牛犊依旧矗立在那里。和古诺歌剧中表演的一样，它的眼睛注视着脚下的鲜血和泥浆，注视着阴谋与诡计带来的恶果。事实上，有消息称，有两位世界著名的银行家参加了这次的农神节，分别是阿兰·罗斯柴尔德（Alain Rothschild）和爱德蒙·罗斯柴尔德（Edmond Rothschild）。在他们脚下横卧着还在流血的亡者……"

人们谈论来谈论去的金钱到底是什么？金钱是犹太人身上最深的印记。2006年1月，"一帮歹徒"在巴涅绑架了伊兰·阿利米（Ilan Halimi），就"因为犹太人有钱"，他们索要一笔赎金，折磨了伊兰三周，直至他死亡。再举一个例子，2015年9月10日，在France Inter电台的广播中，法国导演菲利普·里奥雷（Philippe Lioret）把叙利亚移民危机归咎于以色列和第三次中东战争，再普遍点说，所有的"有钱人"都是罪魁祸首。莱昂·布卢瓦（Léon Bloy）就曾这样评价犹太人："正是因为他们，这个被称为'信用'的邪恶代数最终取代了古老的名誉，而骑士精神曾凭

第六章　富裕会招致不幸？　　133

借后者达成所有目标。"[1] 20世纪30年代，乔治·贝尔纳诺斯（Georges Bernanos）曾抨击"犹太人的胜利"，称他们为"黄金的主人"，"靠作恶树立威望，疯狂、傲慢，加之掌权者的残暴，他们的民族因此经历了多次衰落。早在19世纪中期，政府、银行、法院、铁路、煤矿等领域的高层领导，简单点说，也就是大资本家的继承人，还有带着夹鼻眼镜的巴黎综合工科学校的毕业生都已经对犹太人的行为表现习以为常。这些奇怪的家伙像猴子一样比画着手势讲话，漫不经心地往数据表格和证券牌价表上看一眼，眼神里流露出母鹿坠入爱河时才有的爱意。毛发乌黑，脸上流露出数千年的焦灼，他们对所罗门统治以来就殆尽了的活力有着近乎原始的渴望，渴望着将其在亚细亚的床笫上肆意挥霍"。[2] 在欧洲任何一个行当中都不受欢迎的犹太人，成了银行家和放贷人。他们让人生恨，却又叫人离不开。15世纪末，宗教裁判所围捕新教徒，因为怀疑他们偷偷皈依犹太教。为了缓和调查人员的狂热情绪，西班牙国王费尔南多（Ferdinand）委婉地指出犹太人"是我们的金库，是属于我们的共同的财富"[3]。马克思认为犹太人是"空想的民族"，在市场的抽象概念中安身立命，他相信只有资本主义被摧毁，犹太民族才能得到解放。金融方面反犹主义的资料，若是清点出来的话，可以塞满所有的图书馆，而这仅是全球反犹主义的一个小小分支。犹太人的罪行都带有金子邪恶势力的标记。他们成了人类罪过的化身，同

---

1 Léon Bloy, *Le salut par les Juifs*, Mercure de France, 1892, p. 192.
2 Jacques Julliard, *L'argent, Dieu et le diable, op. cit.*, p. 185.
3 Jacques Attali, *Les Juifs, le monde et l'argent, op. cit.*, p. 295.

时又是赎罪的载体。这就是为什么莱昂·布卢瓦——一个矛盾的反犹主义者，写下了《因犹太人而得救》(*Le salut par les juifs*)这本书。在书中，他将以色列看作一个十字架，耶稣被永生永世地钉在上面，并认为以色列是抬高人类长河水位的堤坝。为了赎罪，就必须放逐犹太人。

如今——尤其是以色列建国后——变幻莫测，也无法追溯源头，反犹主义开始包含许多不同的维度。仇富现象也有可能在对犹太空想民族的仇恨中愈演愈烈。犹太人承担了我们的罪过，是替罪羊，也是被国家遗弃的贱民。

第七章

卑鄙的算计杀死了爱情吗?

> 亲爱的舅妈,贪财与审慎究竟有什么区别?
> 审慎的止境在哪里?贪财的起点又在哪里?
>
> ——简·奥斯汀(Jane Austen)[1]

> 当贫穷来敲门时,爱情就从窗户飞走了。
>
> ——非洲谚语

2014年夏天,一位美国女士给投资咨询公司写了一封信。她想嫁给一位有钱的男人,他的年收入不得低于50万美元。信的内容如下:"我25岁,年轻貌美,知书达理,出身高贵。希

---

[1] Jane Austen, *Orgueil et préjugés*, UGE, 10/18, 2012, p. 158. 译文摘自简·奥斯汀:《傲慢与偏见》,孙致礼译,南京:译林出版社,1990年,第144页。

望嫁给一位年收入至少有50万美元的男士。您的文档资料中是否有一些符合条件的单身男子（丧偶或离异均可）的地址？或许，富豪们的太太能给我一些建议？我已经和一位男士订婚，他每年挣20万到25万美元，不会再多了……但是25万美元远不够支付我在纽约最豪华街区的生活。我在瑜伽课上认识了一位女士，她嫁给了一位银行家，居住在特里贝克地区。她没有我漂亮，也没有我聪明，为什么她做到了我做不到的事呢？我该如何做，才能达到她的生活水准呢？"

一位咨询师兼银行家对此回复道："我认真读了您的来信，在长时间研究您的需求之后，我对现状进行了细致而全面的财务分析。我不会浪费您的时间，因为我一年能挣50多万美元。让我来简要梳理一下几个现实。您有美貌，我有钱。但不幸的是，对您来说，这笔生意并不划算。您的美貌必然会逐渐黯淡，终有一天消逝，与此同时，我的收入和财富将很有可能不断增长。因此，用'经济术语'来讲，您处于负债状态，还会不断贬值，而我则是盈利状态，不断创造收益。再加上贬值是一个渐进的过程，您的价值会缩减得越来越快！不妨再说得明确一点：您现在25岁，是个美女，在接下来的五至十年里，您可能依旧美貌。但若把往后每一年的自己和今天拍下的照片对比一下，就会意识到自己衰老了几分。这意味着您现在处在'上升期'，是抛售，而不是购买的好时机。从经济学角度来讲，拥有您的人是对处于'交易仓位'的您感兴趣，并不想'买入并持有'。而后者才是您需要的。因此，还是从经济学角度考虑，和您结婚（婚姻是买入并持有）从中长期来看并不是笔好买卖。相反，用商业术语来说，租赁可能还是一笔比较合理的生意。我们可以就这个讨论一下。我认为如果您对我的保证是'有教养的绝色美人'，那我很有可能租赁这

138　　　　　　　　　　　金钱的智慧

个'商品'。并且,我想先试用一下,这也是商业领域的惯常用法。"[1]

用其他术语来讲的话,人类的美貌类似于滞期费——这是由德国经济学家西尔沃·格塞尔(Silvio Gesell)于1916年提出的,会随着时间流逝,逐渐失去价值。格塞尔是蒲鲁东的追随者,曾于1919年在昙花一现的巴伐利亚共和国[2]内担任财政部长。他反对右派民族主义者和布尔什维克政党,强烈谴责非劳动所得收入,并强调与存款相比,正在贬值的货币流通得更快,且更具生产力:"若想让金钱成为一种更好的交换方式,就必须让它成为一件更糟糕的商品。"格塞尔建议给货币盖上邮戳,根据持有时间的长短,定期记录它的贬值情况(地方交易系统据此施行负利率,发行有时限的钞票)[3]。这是对一句谚语的颠覆:如今,金钱就是时间,两者以同样的速度流失。金钱本就该被花掉,不然有可能瞬间蒸发。奥地利人智学家[4]鲁道夫·斯坦纳(Rudolf Steiner)持有同样的观点,并于1923年提出"金钱价值有限并会逐渐贬值"的设想。随着金钱贬值,借钱也相当于不用偿还了,贷款逐渐转变为赠予,因而不会导致负债者破产。所有的债务到了一定的时间期限,应被一笔勾销,以重新开启一段良性循环。

巴尔扎克在书中抛出这样一个问题:在巴黎,一个女人要是

---

1 http://www.demotivateur.fr,文章刊登在一本美国金融杂志上。
2 1919年4月,德国十一月革命期间,巴伐利亚无产阶级在慕尼黑建立起的革命政权,并于1919年5月被镇压。——译注
3 关于以个人名义发行的或者是在地方行政区域使用的补充货币,参见保罗·若里翁(Paul Jorion)的一篇打破常规的博客,也是关于此主题的(*L'argent, mode d'emploi*, Fayard, 2009, p. 274 sqq.)
4 人智学(anthroposophie)是鲁道夫·斯坦纳创立的一门精神科学,用科学的方法研究人的智慧、人类以及宇宙外物之间的关系。——译注

"想要保全良家妇女的面子"[1]，该如何拿自己的魅力作营生搞交易呢？这需要足够多的天赋、足够好的运气。城里的有钱人无所事事，厌倦了享乐，女人得做到姿态优雅又充满智慧，一脸忠贞，叫情人坚信不疑才行。这些"穿着裙子的马基雅维利"[2]是交际花中的败类："满脸天真，心底像个销金窟。"[3]她们是造假的专家，用掺假的爱慕冒充真挚的感情。有人向这样的女人倾吐爱意，在她们的耳边轻声说道："我像爱一百万法郎那样爱你。"[4]同样，专业的爱情骗子一定有出色的相貌，能说会道，还得有耐心，目标明确，专挑富二代下手，就和莫泊桑笔下的漂亮朋友一样，掏空他们的银行账户。男人或女人的外貌资本与魅力资本相辅相成，这让他们得以快速地前进。关于此，左拉也曾做出解释：第二帝国时期，一位高官的太太为了十万或二十万法郎就委身于情人，从中收获"不可多得的价值"，还能免受卖淫这样的谴责。[5]

20世纪70年代，皮埃尔·克罗索斯基[6]（Pierre Klossowski）就宣告自己是萨德和傅立叶的追随者，也想依据人类的尤其是女性的性吸引力创造出"有生命的货币"。女性可以像许多无价的幻想一样

---

1 译文摘自巴尔扎克：《贝姨》，许钧译，上海：上海译文出版社，2008年，第153页。
2 马基雅维利（Machiavelli, 1469—1527）:意大利政治家、历史学家，文艺复兴时期的代表人物。他的著作中包含了一系列对于如何获取与掌握政府权力的建议。长期以来，人们把那些缺乏对常规道德的关心为达到自己的目的而不惜在人际关系中使用欺诈和机会主义手段，审视和摆布别人的人称为"马基雅维利主义者"。——译注
3 Honoré de Balzac, *La cousine Bette*, Folio-Gallimard, 1972, pp. 172-173.此译文摘自巴尔扎克：《贝姨》，许钧译，上海：上海译文出版社，2008年，第155页。
4 "我不爱你，瓦莱莉！"克乐维尔说，"我呀，就像爱一百万法郎那样爱您！"——"这还不够！……"她说着跳上克勒维尔德膝头，两只手搂着他的脖子，就像是挂在衣钩上，"我想你爱着我，就像爱一千万法郎，爱天下所有的金子，不，比这还爱。"译文摘自巴尔扎克：《贝姨》，许钧译，上海：上海译文出版社，2008年，第331页。
5 Georg Simmel, *Philosophie de l'argent, op. cit.*, pp. 483-484.西梅尔（Simmel）略带嘲讽地解释说财产的总额可以弥补行为上的卑鄙，此外如此大的数额也是间接向丈夫致敬。
6 皮埃尔·克罗索斯基（1905—2001）:法国作家、画家、演员，是画家巴尔蒂斯的哥哥。

被随意交换。[1]每一个"工业奴隶"（这里指女职员），其价值由顾客被勾起的情欲多少所决定。对夏尔·傅立叶来说，欲望是"爱情新世界"里的引擎，同时也是流通货币，快感就是薪水，会因为冲动被发放一百多次。"我们的错误，并不是渴望得太多，而是太少。"追随着傅立叶的足迹，克罗索斯基揭示了人们所忽视的激情唯利是图的特征[2]：肉体的骚动并非没有利害关系，预演了从评估、拍卖到最后落槌付款的过程。事实上，欲望是整个社会的原材料。除了免费，没有什么会处在享乐的对立面。这些话语对年龄问题避而不谈，那些在到达一定年纪后就失去吸引力的男男女女，该怎么办？就此认定他们不适宜停留在社会舞台上吗？和往常一样，最具有颠覆性的话语往往出自年轻貌美的贵族，大多数普通民众则被排除在外。在泛货币化的乌托邦中，欲望和金钱相交融，无须考虑日常需求和感情这些乏味的问题。

当代婚姻的三条轴线

长期以来，浪漫主义使两个体系处于对立状态：其一为高贵的感情，包括冲动、热情和诗意；另一个则是低俗的感情，包含着算计、精明和斤斤计较。一类是崇高的，另一类则是卑劣的。相反，罗伯特·穆齐尔则认为自20世纪初所有的人际关系就已经借用了政治经济学中的术语："如今，所有的精神联系，从爱情到纯逻辑都可以用供应与需求，折扣和保证金来描述，至少在

---

[1] Pierre Klossowski, *La monnaie vivante*, lettre-préface de Michel Foucault, Losfeld, 1970, réédition Rivages, 1997.
[2] *Ibid.*, p. 16.

心理学和宗教领域是这样的。"[1]《没有个性的人》(*L'homme sans qualités*)一书中的人物——富甲一方的阿恩海姆(Arnheim)做出了如上的解释。

政治经济学从未抹杀过情感的纯洁性,还帮助我们理解爱情和宗教的机理。金钱是一个通用的翻译,一切都可用它的语言来表达,即便不是所有的一切都可以变为金钱。19世纪的天真就在于使心灵依附于收入,还将收入视为最后的手段。如今的天真则在于让夫妻关系屈服于欲望,忽略了金融的治愈功效。粗劣的唯物论和得意的理想主义构造了双重陷阱。20世纪中期,在欧洲,人们常常出于财政或政治的原因结婚,一位妻子的价值是根据嫁妆多少来衡量的。如今,结婚只基于你情我愿和感情深浅。"二战"之后,感情和性就捆绑在一起,后者对夫妻感情的升温不可或缺。在20世纪60年代,我们错误地认为夫妻关系中不存在金钱问题。但是,即便在意乱情迷之时,夫妻两人也从未停止对对方的评估,权衡好坏利弊,在诱惑与缄默之间摇摆。情人间的甜言蜜语也是种算计。

换句话讲,当代婚姻连接了三个维度,分别是个人利益、爱情和欲望。任何一个都不想缴械投降。感情初期,双方会在私底下对经济利益进行考量,但到劳燕分飞之时,这些将被摆上台面。情场上的失意可能会转变为粗暴的商业计算。根据司法记录,许多富豪或政治家在离婚的时候,都给了妻子数百万美元,后者早就未雨绸缪地聘请侦探和律师,掌握了所有对前者不利的确凿证据。发生在富人身上的也是寻常百姓会经历的。如果说离婚成为惨烈的金融战

---

[1] Robert Musil, *L'homme sans qualités, op. cit.*, p. 180. Cf. 关于此,参见 Jean-Joseph Goux, *Les monnayeurs du langage, op. cit.*, p. 159 sqq。

争的战场，这是因为离婚演变成一场日趋成熟的交易，目的在于将悲伤提现。在过去的数个世纪，结婚看上去是个不错的交易，而离婚相当于一个重组计划，确保自己舒舒服服地退休。爱情是雾，被赔偿金驱散。它曾是朦胧不清的，不知是强烈还是浅薄，但只对自己坦诚。

恋人们有时表现得像是放贷者，出借自己的爱情，又无情地利用错误和忧虑来套现。爱慕是有偿的赠予，需要以这样或那样的方式偿还。从严格意义上讲，要求的补偿是变相地让另一方付钱：当一个人感到自己被愚弄并要求付清欠款的时候，另一方要做的就是修复对方受到伤害后的自我满足感。夫妻二人共同生活，哪怕长达二十年，也还是像合伙做生意，等上了离婚法庭，法官和律师都要清点这期间两人积攒的"退休点数"[1]。说得冷酷无情些，金钱背后隐藏着恐惧，害怕会被偷走：另一个人闯入了我的心，颠覆了我的生活，我必须靠礼物报酬这样的方式得到治愈。婚前合同至少可以将一切捋清：在结婚前就约定好，要是离婚，比较富有的一方要给配偶多少数额的抚养费，避免到时候局面混乱。利益交换不止于此，譬如说还有女性的性罢工。这可以追溯到上古时代（在阿里斯托芬的戏剧《吕西斯忒拉忒》中，为了中止雅典和斯巴达之间的战争，女人们进行性罢工）。具有战争色彩的禁欲给男性施加了压力，进而获得各种利益好处。有些女权主义者主张为履行"夫妻义务"收取现金，认为性生活是丈夫作为老板一方的剥

---

[1] 法国采取退休积分制，只需要积攒到足够的积分即可退休，取消了最低工作年限。这边应该是借用了退休点数的说法，攒够了分（各种矛盾、冲突等）就离婚，从这场婚姻中撤退。——译注

削行为。[1]居住在纽约上东区的家庭主妇会收到丈夫给她们的额外津贴，以奖励她们为家庭付出的辛勤劳作。由此，在一心想要解放女性、推崇亲密关系商品化的女性身上，我们可以看到"妓女心态"于无声中取得压倒性的优势。当然，旧有的态度依旧存在。对大部分女性来说，即便是在妇女解放运动之后，生活中仍然得由男人付钱，而男人也认为由女人来买单有失体面。另外，如果女人挣得比男人多的话，也会令他们感到耻辱。金钱是良药，也是毒药，有能力使人们摆脱束缚，但也可能转变为致命性疾病。恋人双方若把自己当作股东，当对自己的伴侣感到失望时，就会掉进钱眼里；更有甚者，会把对方逼到破产，给他（她）点教训。没有计算的爱情会在感情殆尽的时候重新补上计算的环节，投射到婚姻上，也就无情地变为亟待支付的账单。

在法国，经过很长时间——直到20世纪60年代，女性才有权拥有自己的银行账户和支票簿，但是重要的经济往来依旧由丈夫处理。[2]不过，家庭经济大权开始逐渐移交到妻子手中，尤其是在工人阶级家庭（比如说在法国北部的煤矿开采区）；丈夫将部分或全部工资交给妻子，用于支付日常开支、料理家事以及照顾孩子。这样一来就不会把钱浪费在咖啡馆或酒吧。在欧洲以及美国，财政大权的争夺战都是公众讨论的重大话题，家用开支成为"19世纪末

---

[1] 贝克特视家庭为"生产效用"的单位，女权运动支持贝克特的观点，要将雇佣关系引入到家庭空间中，丈夫要支付妻子的日常开销和教育费用，也要为夫妻生活付钱。参见 Philippe Simonnot, *Le sexe et l'économie, op. cit.*, p. 157. 美国活动家埃尔克要求丈夫为妻子的所有的"感情工作"付钱，从远古时代起，妻子就免费为丈夫提供"感情劳动"。为了最终实现"性别平等"，赠予背后隐藏着巨大的愤怒策略。

[2] 在1881年，已婚女子不需要丈夫的授权就可以持有储蓄账户，到1907年，她们可以自由地支配薪水，到1965年，她们可自由选择职业，无须丈夫批准，到1985年，夫妻二人可平等支配共有财产。（来源：Intern@nettes.fr）

最具争议的外汇"[1]。女人既是情感的守护者,又得扮演好经理的角色,学着精打细算,不浪费一分一毫。省下的一笔钱便是自己的零花钱,她可以买些喜欢的"小饰品"[2]。在消费主义至上的年代,年轻的太太们面临着来自各大商场的诱惑,她们对金钱的欲望愈发膨胀:这正是左拉的小说《妇女乐园》(*Au bonheure des dames*)的主题,是巴黎乐蓬马歇百货开门营业时的真实写照,自此以后,也成为无数道德喜剧的创作题材。长期以来,最重要的便是丈夫的薪水,这个breadwinner(挣钱养家的人)既是保护者又是供应商,手里掌握着家庭的命脉。[3]

当夫妻二人都有了工作并开始分享资源时,一切就都变了。比较各自的收入可能是一次愉快的合作,也可能演变为暗地里的较劲。要么把收入放到同一个罐子里,需要的时候从中取钱一起使用,要么分开打理各自的收入,再根据需要购买的东西的情况临时分摊费用。[4]这样一来,夫妻生活便陷入了永恒的计算当中,即便是一丁点儿的花费都根据收入多少,按比例支出。[5]不管夫妻之间的感情多么深厚,记账始终是一项必要的练习。这不可耻,反而是至关重要的。在一段幸福的婚姻关系中,感情和利益并重。金钱并不会给团结、善良这些品德以及爱情画上休止符;贪婪和欲望是可以和平相处的,正如我们在一些夫妻身上所看到的,夫妻关系就像小本生意,性欲成了临期商品。利益出于自身的可预见性,反倒强化了

---

1 参见Viviana A. Zelizer, *La signification sociale de l'argent, op. cit.*, chapitre II, p. 77 sqq. 307。
2 *Ibid.*, pp. 111-112。
3 参见 Damien de Blic 和 Jeanne Lazarus, *Sociologie de l'argent, op. cit.*, pp. 82-83。
4 参见Gilles Lipovetsky, *La troisième femme*, Gallimard, 1997, p. 306。
5 关于此主题,参见Damien de Blic 和 Jeanne Lazarus, *Sociologie de l'argent, op. cit.*, pp. 81-83 以及Viviana A. Zelizer, *La signification sociale de l'argent, op. cit.*。

婚姻间的亲密关系，但脾性也是让人捉摸不透的要素。现代的婚姻关系如同在各国间奔波穿梭的外交官：从睡觉到任务分配（包括做家务），从照顾孩子到性爱的中场休息，看上去像是一成不变的即兴表演，所有的一切都安排妥当。结婚协议暗含某一种有激情的单调，一种琢磨细节的能力。婚姻意味着私人领域的减少，需要不断进行调整，避免摩擦。不然的话，抱怨会越积越多，就像堆在洗碗池旁的一堆脏碗。

有人指责《圣经》中的恶魔用它无形的、致命的手破坏婚姻，自己从中获利，增长能量[1]，而我们必须客观地指出，对许多夫妻，尤其是对女方而言，离婚意味着生活水平的下降。如果离婚关乎个人利益，与情感的真实与否无关，那么没有人想在离开自己配偶的时候，在家庭财产分割上做出让步。金钱不是感情的腐蚀者，它是时间的盟军，使得夫妻二人在长时间内相互依存。当然也有反证，那些由于太穷而分不开的夫妻，虽然住在同一屋檐下，内心却被怨恨侵蚀。物质生活好比是腐殖土，生命从中汲取广度和规律性的养料。情欲和苦难难以相处。爱情，从本原上讲，是妥协的，但并非玩世不恭，它是各种趋势综合下来的产物。在哀叹爱情的离去，或是回味它的美好的时候，我们总想从中分离出一个要素，这也就意味着不要将眼光局限在我们内心交错的欲望上。我们不是"颓废的浪漫主义者"（皮埃尔·马农［Pierre Manent］），而是小心谨慎的浪漫主义者，对感情的脆弱有着过于清醒的意识，以至于把它们都毫无头绪地混杂在一起。现代的两人关系是激情与炖锅的奇妙组合，包含爱情的倾吐、肉欲的疯狂、狂躁的话语还有家庭琐事。

---

[1] Denis Moreau, *Pour la vie ? Court traité du mariage et des séparations*, Seuil, 2014, p. 88.

假装贫穷?

马可·奥雷勒（Marc Aurèle, 121—180）是罗马皇帝，也是一名哲学家，从孩童时期开始信奉斯多葛主义[1]。为了增强自身体质，他习惯席地而睡。事实上，斯多葛主义施行一种特别的精神训练，即"预知"，模拟贫穷、饥饿以及身体疾病的发生。这也就意味着"抵制生活中的甜美诱惑"（西塞罗），从痛苦中捕获快乐，从贫穷中汲取满足感：逼迫自己躺在简陋的床上，啃着又黑又硬的面包，穿一身布衣。这样在以后就不会因为没有东西吃，没有衣服穿感到痛苦。"一旦了解到贫穷并非如此艰难，那么在稍许的舒适面前，我们就是富有的。"[2]（塞涅卡）值得一提的是，塞涅卡是非常富有的，他的资产差不多占罗马帝国财政预算的六分之一。

到这里，有两层意思：其一证明鲜衣美食实为奢华，而更关键的是，我们要与厄运抗衡。节制饮食，一周禁食一次，抛弃营养过于丰富的食物，这些操作的人为性显而易见，它们仿佛是生活的插曲，让我们继续得以舒适地生活。环境学家尼古拉·于洛（Nicolas Hulot）身边聚集了一群有着不同宗教信仰的精神领袖，他在2014年6月提出建议：一个月禁食一次，以此抵御气候变化，忘记已得的消费技能。这样的装模作样要是能起到一点儿的作用的

---

[1] 斯多葛主义，又称斯多葛学派，属于古希腊哲学学派，倡导自我控制，反对沉溺于感官享受。——译注
[2] *Lettres à Lucilius, op. cit.*, lettre 18, p. 108.

话，那么只要跳舞，天就能下雨。

叔本华写道："就承受命运的打击而言，含着金汤匙出生的人比不过出生贫困但尝过有钱滋味的人。"[1] 后者从两方面汲取信心，一个是运气，另一个则是重振旗鼓的能力。苦难对他们而言并不是无底深渊，而是一个起点。有些人在舒适的生活中，依旧保持着贫苦时期的习惯——就像居无定所的人，即使有了一张床，还依旧睡在地上。比如说作家让·热奈（Jean Genet），他在出名后仍然提着一只不起眼的行李箱，住在一家寒碜的宾馆。复原力也是一种资本，却在奢侈的生活中被腐蚀一空。托克维尔相信，贵族不在乎物质，即便陷入贫困也能活得很好，这其中带有一点吹牛的成分。"所有扰乱或摧毁贵族阶级的革命都证明，生活富足的人是有多容易就适应没有必需品的生活，而费尽千辛万苦才享有财富的人，一旦失去所有，生活便难以维系下去。"[2] 真是如此吗？人们不会从大公的高位上被下放为一名司机或工人，不妨想想1917年后在法国的白俄们的境遇——没有丝毫的不适。不妨做这样一个假设，即相信可以只借助习惯的力量，免遭任何的苦难。

傲慢尤其是斯多葛主义的罪孽：在西塞罗的作品中，如果说真正的智者"懂得节制，拥有勇气、宽广的灵魂还有耐心"[3]，那么"他可以放弃所有，对孩子的出生或死亡表现得冷漠，即便是失明或失聪，也感到高兴，备受折

---

1 Arthur Schopenhauer, *Aphorismes sur la sagesse dans la vie*, PUF, 1994, p. 34.
2 Tocqueville, *De la démocratie en Amérique, op. cit*., p. 182.
3 Cicéron, *Le bonheur, op. cit.*, Ve Tusculanes, « Les infirmités physiques empêchent-elles le bonheur ?», pp. 112-113.

磨，也满不在乎"。[1]这样的人不是智者，而是个怪物！问题在于，这些描述都是从那些衣食无忧的家伙口中说出来的（西塞罗和塞涅卡以一种符合他们哲学家身份的方式，豪迈地死去，前者目视着刽子手，引颈就戮，后者则遵循尼禄的旨意，割腕自杀）。[2]

骄奢淫逸之人的悔恨在于"预知"泄露了自己想要掌控生活的每个阶段，甚至是控制逆境的意愿。人们应该设想最坏的情况，这样在其发生时，才能坦然应对。但是相信自身有能力通过十足的准备来抵抗死亡、疾病和苦难，这样的想法真是太幼稚了。于不经意间，苦难就袭向我们，废墟将我们湮没，疾病将我们吞噬，即便我们相信可以通过预判来防止这一切的发生。到头来，当已然预见到的一切发生的时候，我们还是会大吃一惊。

婚姻如牢笼，亦似避难所

在19世纪，婚姻必然是一场交易，妻子用嫁妆换取配偶提供的保护。在英法两国的小说中，女性游离于四种状态中：被拯救的妻子、没人要的老女人、可疑的寡妇、令人生厌的妓女。她臣服于父亲和兄弟的权威之下，靠着婚姻关系来保障优渥的生活，确保自己过得幸福。妇女不从事任何工作，除非有特殊情况，所以她们必须

---

[1] Cicéron, *Le bonheur, op. cit.*, « Objection : Le sage est-il heureux dans les supplices », pp. 128-129.
[2] 关于"从苏格拉底开始，哲学家的死亡"这一主题，参见Paul Veyne, *Sénèque. Une introduction*, Tallandier, 2007, p. 262。

在婚姻这件人生大事中取得成功。这就是找老公的重要性，如果可以的话，他最好有着丰厚的收入。"单身的女子有可能变穷——这是必须结婚的重要原因之一。"[1]（简·奥斯汀）对奥斯汀来说，婚姻是一场可怕的考试，对婚姻律法、法院权限、动机都要有所了解，才能从中谋取最大的利益。她自认为是不幸的，因为到23岁还没有结婚，也没有财产。她不顾社会舆论的谴责开始写作，维持家用，不让自己成为家庭的累赘。[2]到1817年，也就是她离世前不久，她盘算了一下自己靠写小说挣得的稿费，共计684磅13先令，相较于她去世后的名气，这根本不值一提。[3]（菲茨杰拉德在账簿中创造了一个文学流派，因为他的很多短篇小说只是一本本加密的账簿，记录了他的入不敷出。）

有三类人对婚姻这场受益颇丰的交易不屑一顾：勾引女人却不结婚的浪荡子[4]，觊觎嫁妆、一心想迎娶富家小姐的登徒子，再有就是幻想着白马王子浪漫登场的女人。主导婚姻的是对安全感的需要，而不是对幸福的追求，尽管一对夫妻结婚后也有可能感受到真切的幸福。爱情里的套路——从献殷情、调情到求婚，都在外人的注视下以及双方财产的公开透明中按部就班地进行。在婚姻市场上，个人价值首先和财富挂钩。在有些地方，年轻的女孩像家畜一样被父母拍卖。恰当的夫妻关系意味着双方互为伙伴，

---

[1] Marie-Laure Massei —Chamayou, *La représentation de l'argent dans les romans de Jane Austen. L'être et l'avoir*, L'Harmattan, 2012.

[2] 参见Marie-Laure Massei-Chamayou, « Jane Austen et l'argent : entre manque et subversion », 引自Olivier Larizza (sous la dir. de), *Les écrivains et l'argent*, Orizons, 2012, pp. 98-99。

[3] 参见Marie-Laure Massei-Chamayou, *La réprésentation de l'argent dans les romans de Jane Austen, op. cit.*, p. 101。

[4] 参见Sören Kierkegaard (Folio- Gallimard, 1989)的 *Le Journal du séducteur*，当知道这部书的作者一生都没有发生过性关系的时候，会发觉这部作品很是讽刺。

相互尊重，拥有共同的爱好。只有有钱的或者是会使心眼的姑娘才有可能逃避这样的交易。一名正派的男士不应该和年轻姑娘拉扯，除非有意和她结婚。在简·奥斯汀的作品中，每个家庭，尤其全是女孩子的家庭，组成了一个喜欢为人做媒的小团体：每个姑娘都参与到别人的婚礼中，对此加以评论、猜测或是为此打赌。也有可能只有一个女孩对此乐此不疲，比如说爱玛，她"美丽、聪慧、富有、家庭舒适、性情快乐"，有做媒的天分，经常参与到邻居的爱情故事中，却不打算为自己找个丈夫。[1]在简·奥斯汀的作品中，爱情的乐趣是灵魂和肉体交织的艺术：成双成对的夫妻琢磨脾性是否相投，努力构建起亲密细腻的朋友关系。爱的感觉主要留存于爱情初期，一段好的婚姻是会反过来促进家庭和谐的，给一家人以安全感。再补充一下，这样的情形发生在欧洲"安全的黄金年代"（斯蒂芬·茨威格），一直延续到第一次世界大战。在此期间，货币流通稳定，几乎不存在通货膨胀，期限有所保障，信心更是不可动摇。[2]

简·奥斯汀把书中的女主人公都圈在婚恋机构铺开的大网中，结局或幸福或悲哀，都得视起初的优势或者遇到的机会而定。这一类封闭性的小说让人感到压抑，却引诱了一大批年轻姑娘，给她们以希望，把爱情蓝图变为公证人手里的土地簿。但我们也从她的身上感受到了自由和智慧，当然这里的自由是有限的，得在社会准则的迷宫中谋求出路。奥斯汀采用了一种精巧的方式，并在某种程度上和诺贝尔经济学奖得主加里·贝克尔（Gary Becker）不谋而合地预判到了竞争在不完美的婚恋市场上产生的结果。贝克尔将婚姻

---

[1] Jane Austen, *Emma*, UGE, 10/18, 1996, p. 7.
[2] Stefan Zweig, *Le monde d'hier, op. cit.*, pp. 15-17.

定义为人力资本的投资[1]，制造邂逅以及教育这一类的费用，在之后都会得到丰厚的回报。如果终身未婚的奥斯汀谴责以利益为出发点的门当户对的婚姻，那么她对激情也抱着审慎的态度。理性、感情以及财富这三者最好兼得，就像美国小说家伊迪丝·华顿（Edith Warton）所解释的：到19世纪末，在美国，对一个既没钱又没工作的年轻女孩而言，"只有婚姻才能让她不至于饿死，除非遇到一位老妇人，需要有人帮她遛狗，给她读教区的公告"[2]。婚姻打开了救赎之门。

在拉芒什海峡的另一侧，巴尔扎克的观点更为现实。想想拉斯蒂涅[3]（Rastignac）给一个女孩的建议："孩子……结婚去吧。对一个女孩而言，结婚是强迫一个男人接受你，你和他一起生活，幸福也好，痛苦也好，最起码物质问题得到解决。我了解你们的想法：不管你是年轻的姑娘、母亲，还是到了当祖母的年纪，在婚姻关系中，都是兜售感情的伪善者。她们中没有谁会琢磨其他的东西，除了过上好生活。当女儿嫁到一个好人家，她的母亲会说做成了一笔好生意。"[4]区别就在于巴尔扎克为这样的现实感到悲哀，对社会道德及习俗的蔑视也意味着理想主义的落空，而简·奥斯汀则认可这一现象，并认为它是不可避免的。在巴尔扎克的作品中，爱情可以打破社会秩序，摧毁约定俗成的条条框框。而在奥斯汀的作品中，社会习俗掩埋了爱情，并教化它符合社会常规。巴尔扎克建议对这一不正当的交易持怀疑态度，而简·奥斯汀则认为这再平常不过了。在阅读这两位小说家的作品时，可以从中发觉他们在欧洲人道主

---

1 Gary Becker, *A Treatise on the Family*, Harvard University Press, 1993.
2 *Ibid*., p. 289.
3 拉斯蒂涅为巴尔扎克小说《高老头》的人物之一。——译注
4 Honoré de Balzac, *La maison Nucingen, op. cit*., pp. 178-179.

义、妇女工作的普及以及道德解放等方面所表现出的巨大进步。妇女通过有偿劳动获得自由，摆脱了附属地位，尽管她们中的多数依旧比丈夫挣得少。

巴尔扎克和奥斯汀都强调，在欧洲婚恋制度中占主导地位的内婚制[1]，即便在性解放运动（在其中，男人依旧是赢家，毕竟他们一直有机会与另一位更加年轻的女人开始新的生活，然而这种情况鲜少发生在女人身上）之后，也没有退出历史舞台。我们中的大多数都会在自己所处的阶层选择结婚对象。感情不管是有多任性，仍得臣服于既有秩序。女性开始工作，这打破了之前妻子与丈夫的附庸关系；可以使感情更为纯洁，将真情实感与经济需求区分开来。与此同时，双方不和所导致的离婚也呈上升趋势，因为女人完全有可能自力更生。经济独立才是自由的保障。

斯科特·菲茨杰拉德：出身卑微的不幸

人们对菲茨杰拉德有种误解，那就是视他为爵士时代的先锋人物，这个时代被酒精和颓废情绪席卷，充斥着惊喜派对、无礼、傲慢还有蔚蓝海岸。然而，在他的作品中却鲜少有性欲描写。从他的早期作品开始，叛逆成为定律，堕落则是情节的走向。斯科特·菲茨杰拉德是民主国家中的加尔文主义式的作家，"迷醉的粉色镜片"之后隐藏着他对宿命的笃信，他相信富人构成了一个自带光环的

---

[1] 内婚制（l'endogamie patrimoniale）是指在一定的血缘或等级范围内选择配偶的婚姻制度。——译注

第七章 卑鄙的算计杀死了爱情吗？　　153

斯科特·菲茨杰拉德的肖像,大卫·西尔维蒂作,1935年

社会等级,拥有享受世间美好事物的绝对权利。他们并非等闲之辈,是被神化了的群族,我们有权崇拜,却无权接近。在富人中,张口闭口不离钱的年轻女士们成为世间的典型,她们绝不会允许自己下嫁给一个社会地位低下的男人,而像盖茨比这样的男人,他将观众逗乐后就下场了。自此以后,觊觎她们的美色便是一种亵渎。换句话讲,貌美的女继承人到头来都会抛弃救过她一命的医生,就像是扔一个空壳,哪怕他曾是她的丈夫,之后再在自己的圈子里找一个合适的男人(《夜色温柔》[Tendre est la nuit])。幸福是块珍宝,人人都想推开守护它的这扇厚重的门。迈进去一只脚的人被伤得最深,他们于隐约之中见到了天堂的模样,但又被当作入侵者驱逐出去。"穷小子不应该一心想着娶富裕的姑娘······若有人带领他们走出本身的阶层,不管怎样装腔作势,他们都会头晕迷失了方向。"只有足够富有的人才拥有绝对的享乐权,其他人注定沦为平

庸，陷入幻想的旋涡中。

菲茨杰拉德的所有作品都在诠释下层阶级的萎靡，他们心比天高，不愿接受出身一般的姑娘，而自身普普通通，也无法接近理想中的姑娘。他们显得格格不入，但又不能打破社会常规。菲茨杰拉德在其最为优秀的作品中描述了喜悦浸染下袭来的灾难，奢华与狂欢的背后是毁灭，酒精和疾病赤裸裸地摧毁着生命。他在报社或电影公司接活做，希望能够赚些钱，偿还债务。在他眼中，青春、风度、性情都无法和大亨的家世背景相匹敌，因为这是任何东西都无法撼动的。即便在一夜之间获得一大笔财富也无法使你成为这个特殊阶层中的一员，尤其在1929年，财富会在经济危机中灰飞烟灭。《像里茨饭店那样大的钻石》(*Un diamant gros comme le Ritz*)这部小说的作者，也就是菲茨杰拉德，认为社会等级之间的隔阂是神圣的屏障，没有哪个勇士敢去穿越。萧沆（Cioran）和德勒兹（Deleuze）视菲茨杰拉德是失败的存在，是文坛的败笔。然而，他的"精神分裂"首先就在于幼稚地相信金钱是上帝挑选留下的印记。

在这方面，他不是一名浪漫派作家，因为浪漫主义运动是对占统治地位的手工业以及数字计算的反抗。若要菲茨杰拉德赞同那些瞧不起他的、认为他一无是处的人的道德准则，这会让他痛苦不已。他的所有作品都在讽喻美国式的生活方式以及对美元的疯狂追捧。他的追随者，像是杰·麦克伦尼（Jay McInerney）、布雷特-伊斯顿·埃利斯（Bret Easton Ellis）、罗伯特·古尔里克（Robert Goolrick）等，和他一样，都热衷描写富人的玩世不恭，对此的激烈抨击反倒增加了它的诱惑力。20世纪60年代就这样过去了。人们自称只需要一件小事，只需要向旁边迈一步（更准确点说，就是道德解放），菲茨杰拉德就可以避开由金钱——这个区分被选中的人和被排挤的人的神圣印记所主导的冷漠教义，重新获得行动自由。然而要是没有了这个可怜人的梦想，没有了这个宣告他的失败的可怜梦想，也就不会有悲剧的发生，但也会因此无法创作出作品，更别提代表作了。

不纯洁的爱

人们总是说，富人被人所爱，并不是因为他本身。他们的富裕有赖于刻意经营的友谊。这可能是真的，也差不多是人际关系的常态。情感产生于特定的情况，依托的是彼此的计划和共同的兴趣爱好。对某个人的喜爱会具体表现为对他的性格或是相貌的偏爱。如果我生病了，我的脸因为可怕的麻风病变形了，如果我破产了，你还会爱我吗？将个人利益视为情感活动中最不重要的一项，这完全不符合唯物论的逻辑。金钱会拨开感情的迷雾，清醒明智成为金钱的特权。人们相信是美元或是欧元的残酷法则在支配着情感的抒发。然而，金钱的这种清醒明智也可能是个诱饵。这在阿德里安·莱恩（Adrian Lyne）执导的电影《桃色交易》中得到了很好的体现。一位年轻貌美的夫人深爱着她的丈夫，后来丈夫被债务缠身。有人建议这位夫人去和一位富豪共度一夜，以此获得100万美元。在和丈夫商议后，她违心地同意了。不久后，夫妻关系也就破裂了。不是因为她在这次交易中丢失了"灵魂",而是因为这个用钱收买她的男人让她内心骚动。当然,大团圆式的结局中,两人重归于好。不是金钱谋杀了爱情,而是爱情让这场交易不再只是交易,违反了规则,将这段关系延续下去。

感情还涉及对价值问题的探讨。如果有人爱我,那我就从偶然性中被拯救出来,对方将我从存在的罪过中救赎出来。如果另一方抛弃了我,那我会因为自身无缘由的存在而感到沮丧。我的价值只能通过别人的欲望才能体现。在一段关系中,人们可以在任何时刻摸索到隐喻的足迹。评估一个让我们满意的对象,权衡他的优缺点,有时就像工作面试,大家都在充分利用这次机会,至少将损失最小化。"我爱你"是最好的表白,同时也是一条公约,人们借此控制对方,将对方拉到与我们对等的位置。表白是一种同步双方感情的方式,让对方和自己同处一个时区。但又不能单纯地将其视为无私的付出:我表露出的爱意也是需要得到回应的。就像古罗马的那句谚语:*do ut des*,意思就是我付出,是为了你也能为我付出。若这种不对等关系延续下去的话,表白就可能会演变成宣战,或坠入无尽的失望。

性爱本身是分享喜悦的过程。康德有这样一句格言,粗暴却写实——"婚姻是对对方生殖器官的占有",也就是说,双方都能从中受益。但如果男人行事自私的话,女伴就无法得到满足。性爱中,女人像个老师,教男人放慢一点,她希望慢慢地唤醒自己的身体,恳请爱人不要一下子耗尽体力。男人的情欲来得简单,但又精打细算,而女人的情欲则更为复杂,但也很慷慨。当爱情不再倾其所有,而将所有细枝末节的错误当作诉讼时的证据一一收集起来时,爱情也就摔了一跤。

若无法对错误释怀(即便最和谐的婚姻关系也会遇到罗列对

方错误清单这样的情况），信任就会被指责取代，贷方变为了借方。这样的计算是平均主义的直接结果，作为完备的货币准则，平均主义需要情感、教育以及情欲上的对称性，并在具有高度象征性的家务领域占据高地。做饭、维修、购物以及其他让人精疲力竭的活动每天都在啃噬着激情的高墙。经济模型在夫妻关系中越是意义重大就越得不到重视。一丝甜蜜的柔情可以解决一切问题。日常生活中，爱情是好感的持续交换，从收拾房间到相互倾吐感情以及性生活都是这样。伴随着这样的相互关系，双方谁也离不开谁。一个好的婚姻应该是互惠互利的殿堂，也像圣火，生生不息。在长期商业往来的背景之下，细微的关心、亲吻、各式的礼物很是紧俏，要是没有这些，那么没有哪段夫妻关系称得上是成功的。同居生活中，与狭义的金融问题相比，得不到回应的感情以及对受骗的恐惧更容易终结一段婚姻关系。

简而言之，到处都将金钱视作一种象征，除了金钱自身，因为它就是事实。一个被伤透了心的爱人说："我把一切都给你了，我为你牺牲了一切。"这样的指责表明他的付出不是免费的，而是希望投资能有所回报。这样的馈赠像是在放贷，他希望获得利息。计算逻辑中有一点让人生疑，也就是它让我们的感情生活不可判定。事实上难以说清楚夫妻关系中的爱慕、习惯、虚荣或是算计到底是什么，冥冥中便注定我们的相爱是不纯洁的。

唯利是图的爱情、不道德的爱情

乔治·杜洛瓦（Georges Duroy），也就是"漂亮朋友"，在布洛涅森林中散步，森林里都是骑士、金融业巨头还有坐在汽车里显摆自己的女公爵。他向坐着四轮马车的"高级妓女的到来"致敬，她

"身后坐着两名年轻的马夫"。他羡慕"得自床笫之间的奢侈享受",自我感觉和那位高级妓女有相似之处,她的勇气远不同于公园里其他游客的虚伪。小白脸和年轻姑娘相互依赖,为自己的成功感到自豪。[1]为什么社会要谴责唯利是图的爱情?答案是一致的,因为它将爱情的实践者变为奴隶。但如果说这样的爱情是自由选择的结果,并以私密的、间断性的方式展开,又会怎样呢?是从何时开始,它被那些承认寻求经济保障的男人或是女人伪装成了婚姻?[2]一个年轻的女子、一个甜美的姑娘[3]嫁给五六十岁的老头,这个甜爹[4]也愿意供她上学,为她提供住房、车子等。该如何称呼这些?是纯洁的爱情,是对枯槁的身体的疯狂迷恋,还是一次明智的投资?来自欧洲、加拿大、美国的女性前往西非、加勒比地区或是南欧寻觅身材壮硕的情人,她们会在服务之后给予报酬,这又如何解释?难道也要去批评女性的性爱之旅吗?毕竟女性从此以后也成了顾客。爱情有成千上万种挣钱的方式,司汤达将婚姻定义为"合法卖淫",这个说法并不过时。在《交际花盛衰记》(*Splendeurs et misères des courtisanes*)中,巴尔扎克就直接指出"有多少爱情会折返到老男人身上"。他将那些让年迈的求爱者惊慌,掠夺走他们一切的女人比作"放血",这是一种挥洒数万法郎来做生意的方式,一种"抵消贪婪和吝啬所带来的不幸"[5]的途径,是在床笫以及沙发上进行的一次野蛮的再分配。

早在19世纪,人们都指望着资本主义家庭的消失可以削弱卖淫

---

1 Guy de Maupassant, *Bel-Ami*, Folio-Gallimard, 2011, p. 174.
2 我要特意指出两本探讨了性与金钱关系的优秀作品,分别是Philippe Simonnot的*Le sexe et l'économie*,以及文学性更强一点的Serge Koster的*Le sexe et l'argent*。
3 原文为英语sugar baby。——译注
4 原文为英语 sugar daddy。——译注
5 Honoré de Balzac, *Splendeurs et misères des courtisanes*, Pocket, 1991, p. 254.

势力。性爱和爱情的自由选择应该可以确保色情服务销声匿迹。毋庸置疑，当今的女性更为独立自主，然而用钱收买爱情的现象依旧肆虐。这至少有两个原因：一是经济的必要性，另一个则是某些群体无法平等享受到肉体的欢愉（可能是由于身体缺陷、疾病或者是年纪等因素）。对他们来说，性交易是跨越这种不平等的方式，除非把对残疾人施以性帮助认定为犯罪，强制他们禁欲。不是金钱杀死了爱情，而是缺钱让爱情陷入交易中，并迫使一些来自刚果金沙萨的女孩成为多个男人的情人，以满足自己物质上的需要。她们愿意为了10美元或是一顿美餐发生性关系。刚果小说家玛丽-路易丝·比毕许·穆门布（Marie-Louise Bibish Mumbu）将出手阔绰、着装高雅与爱情手段的结合[1]称为一种"雅致的、支票式的、令人震惊的文化"。那么这是严格意义上的卖淫，还是将感情和真心排除在外的中间状态？

当一些姑娘（或者小伙子）提供陪夜服务的时候，当大学生将自己的魅力折现来撑过拮据的月末，或是去购买化妆品和精美珠宝的时候，她们就成了妓女，就应该受到处罚吗？或许她们只是无所畏惧，一心想要解决学费问题的年轻姑娘呢？这里可以借用这样一种说法："不要忘记我的小礼物。"这样的买卖装模作样，想被视为一种馈赠，然而没有人会被这样的假象欺骗（塞尔日·科斯特［Serge Koster］）。[2]不过这样的话，买家和卖家的尊严都得到尊重。金钱抹除了性交易中的情感依附。一旦付了钱，双方就两清了。简单点说，性交易不会越界。卖淫到处都有，人们对性交易却显得更为茫然，不知所措，因为进入到未知的世界，所有的一切都变得复

---

1 杂志 Elle（2015年1月）中的一篇报道。
2 Serge Koster, Le sexe et l'argent, op. cit., pp. 62-63.

杂，无私、奉献以及变相付款掺杂其中。金钱鼓吹并加剧了情欲的混乱。情妇和应召女郎有什么区别？于前者，顾客是稳定的，但需要24小时时刻陪伴在金主身边，还要表达感激之情。

再怎么美化都无用，卖淫注定是个不讨喜的、低下的职业。从业者无论男女都可能会遭受客人的戏弄与刁难、警察的监管，还有老鸨的施暴。有善良的人同情她们，但大多数人都指手画脚。这个职业的悲剧就在于钱来得太容易，她们因此很难回归到普通的"世俗生活"，更别说拮据的生活了。倘若一天可以挣一万欧元，又怎么忍受得了微薄的薪水呢？之前，妓女被贴上了堕落的标签，现在则成了迷失自我的受害者，需要被拯救。从前人们给妓女定罪，如今认为她们都是些不成熟的孩子，以她们受人操控为由，不愿倾听她们的请求。一些应召女郎、牛郎还有异装癖在"性工作者"工会中捍卫自己的权益，要求改善其工作环境，拒绝废除这类工作，道德家们对此惊恐万分。

在19世纪，人们担心将定下时尚与奢侈基调的上流社会的女人和高等妓女混淆起来，如今我们则害怕"不同种类的混杂"，希望把纯洁的爱情与低贱的交易区分开来。卖淫处于灰色地带，在那里感情和货币逐渐趋同，欲望在免费馈赠和金钱交易之间摇摆不定。[1] 卖淫是一剂催化剂，刺激我们亮出底牌。即便是在一个男女之间的不平等没有那么明显的理想社会中，男人或是女人都可以选择出售自己，获得薪水，享受潜在属于所有人或任何一个人所带来的快感（这是凯塞尔在《白日美人》[*Belle de jour*]一书中的论断，也是傅

---

[1] 20世纪20年代，芝加哥"出租车女孩"有五种不同类型：付费跳舞、免费跳舞、与固定客户保持数个月的联系，与三四个男人同时保持联系（其中一个人付房租，一个人供吃喝，还有一个买衣服），最后一种是一夜情。不管怎样，任何一个特征都不足以将她们划分到妓女行列。参见Viviana A. Zelizer, *La signification sociale de l'argent, op. cit.*, p. 173。

立叶主义下的乌托邦的基础所在)。司汤达就曾说过这么一句精妙的话:"一些女人更容易出售自己而不是奉献自己。"主动奉献自己的人,即便是个丑姑娘,也会招来感情上的骚动,会因为一段独特的经历而显得与众不同。这表明,在由社会关系编码的世界中存在令人羞耻的可能性。性爱的热情熔化了个体间的阻碍,很有可能让原本属于每个人的身体成为共有财产。如果金钱不是品德高尚的妓女,不属于任何人,却又将自己奉献给所有人,那它是什么?

赌博:世俗版的圣宠

陀思妥耶夫斯基认为,没有人是为了挣钱或者说为了满足"平常的好胜心"去赌博的,"即使他可能输光最后一个子儿"。[1]是什么令一名绅士在面对赌桌的塔勒[2]和金路易的时候"像热炭一样燃烧"?内心奔涌着嘲弄命运的欲望,"想扼住他的喉舌",抓住后腰带,将他撂倒在地。帕斯卡尔和费尔马(Fermat)作为概率论的提出者以及保险领域的先驱,难道就没有发现历史中的某一规律,难道没有强调灾难每隔一段时间就会发生吗?重要的不是在轮盘或骰子的数字循环中存有希望。计划本身的不可能性吸引了陀思妥耶夫斯基书中的赌徒,促使他抛弃一切理性来到赌场。他在那里败光了家产,也发过誓再也不赌了,然而过不了一会儿,又重新开始。弹指一挥间,他要么倾家荡

---

[1] Dostoïevski, *Le joueur*, postface d'André Comte-Sponville, Actes Sud, 2000.
[2] 一种曾在几乎整个欧洲使用了四百多年的银币的名称及货币单位。——译注

产，要么身家翻倍。

首先，彩票和一位英国小说家给婚姻下的定义有点相似，二者都是希望战胜了经验。它前进的动力来自改善生活的期望，哪怕实现的可能微乎其微——只有几千万分之一。也许正是因为头奖触不可及，人们才醉心其中。赌客可以像个信徒一样说："因为这是荒诞的，所以我相信它。"不过也有些细微的差别，从未有人见过上帝，但获胜者一直都有，并续写着传奇。除了头奖，赌场准备了一系列的安慰奖，免得客人灰心丧气，失去耐心。选哪个数字呢？自己的生日还是亲朋好友的生日呢？由于结果未知，人们往往会被拟人化了的数字缠住。相信不可能的事情会因我们的期待变得有可能。彩票体现了一种为精神分析学家所熟知的心理状态——否认。明知没有获胜的可能，但还是想尝试。赌博可以释放现实带来的压力，把我们完全交由财富支配，赌一赌运气和财气。如果这是个骗局，我们也就成了共犯；我们并不期待彩票可以改变社会的现状，改善不公平的现象。当然，对一个国家而言，向数百万的中等收入群体征收少量的税，好过于向一小部分的有钱人征收大数额的税。

还应该区分两种类型的赌博：一种是依托赌客，并对赌博的技巧有所要求，像是扑克牌、百家乐、台球、赛马；另一种则完全靠随机释放的小球，或是一时兴起的数字组合。第一种可能会让我们倾家荡产，第二种破坏力小一些，赌注的周期以及牵涉的金额相对有所节制。如果输了的话，我们只会失去赌金，不会把衣服也赔进去。人们习惯性地来到烟草店，购买刮奖彩票，或是填写组合数字,这一类赌博狂热又平淡,因为不太可能中奖,自然损失也很小。大众普遍喜欢体验兴奋又紧张的感觉,但不会因跌落感到眩晕,只是轻微的上瘾。激发大家参与其中的真正动力始于这样一个疯狂的想法:在自己的主场向命运发起挑战,我们有可能成为数百万人中唯一被选中的幸运儿。彩票是世俗版的圣宠。

经常会有比输钱更糟糕的,那就是赢钱。从天而降的钱财是最危险的,受益者应被立刻保护起来。一旦被诈骗犯盯上,他只能眼睁睁看着好运变为霉运,被一步步地推向毁灭。赌博最神奇的地方在于"它也是根救命稻草"(西奥多·冯塔纳[Theodor Fontane]),减轻了我们的负担,将我们从成功与失败的两难选择中解放出来。赌博给命运埋下了一个陷阱,再制造一些不确定因素来躲避它。赌客是一位不可估量的"勇士"。在平凡世界中,骰子只转一次,那为何不可以一次又一次地从头再来呢?由此看来,对上帝存在与否的打赌是唯一的一场赌博,在这之中人们不会有所损失,也不会有所收益,因为知晓答案是以赌客的死为前提的。

第三部分

财富的恩惠

第八章

重振既有的价值观念？

> 两个新俄罗斯人相遇，其中一个说："瞧，这是我新买的领带，可花了我五百美元。"另一个人回答道："太蠢了！我知道一个地方，在那里花八百刀可以买到一模一样的。"
>
> ——玛丽·弗雷萨克[1]（Marie Freyssac）

历史学家诺伯特·埃利亚斯（Norbert Elias）讲了这么个故事：有一天，黎塞留大公给了他儿子一大笔钱，想让他学会像个贵族一样花钱。没过多久，年轻人把钱原封不动地送了回来。父亲很是恼火，一把将钱扔到窗外。[2]对贵族而言，省

---

1 Marie Freyssac, *Ma vie chez les milliardaires russes*, Stock, 2013.
2 Damien de Blic et Jeanne Lazarus, *Sociologie de l'argent, op. cit.*, p. 105. 该轶事引自Norbert Elias, *La socitété de cour*, Flammarion, 1993。

钱是小人物的做派，是卑鄙商人的作风。要是做不到勒紧裤腰带或放下身段干粗活，还不如夜夜笙歌玩到破产。"与有钱人相比，我们更是上流社会的人。"特纳（Taine）如此写道。而这一对金钱的蔑视来自掠夺、战争，还有对平民百姓和农奴的剥削。贵族们肆意挥霍他们不屑一顾的金子，毕竟攒钱是平民才会做的事情。当缺钱的时候，即便冒着永远不能还清债务甚至坐牢的风险，贵族们仍会转而向债权人求助。

相反的是那些辛勤劳作、省吃俭用、谋求生财之路的劳动者。通读19世纪和20世纪的文学作品，不难发现这些都是革命者、君主主义的拥护者以及浪漫派用来控诉新兴阶级，即资产阶级的一纸罪状。资本家们大腹便便，相貌丑陋，更是精于算计。近三个世纪以来，他们一直都是公众的头号敌人。他们到底是谁？应该是不讨人喜欢的家伙。他们不满足于调侃贵族，也压榨农民和无产者（在希腊语中指的是只能依靠孩子生存的人）。[1] 从他们的吝啬就能看出他们的生活方式有多单调乏味。不同于先前极尽奢华的贵族，资产阶级的上位则意味着吝啬主义的胜利。唯一可以用来形容其特质的词就是卑贱。在小说《高老头》（*Le Père Goriot*）开篇，巴尔扎克是这样描述主人公的："又胖又肥，活脱脱一个蠢蛋。"直至后文，作者才揭示出高老头内心深处的崇高灵魂。资产阶级将所有的热情和动力倾注到对他而言至为重要的事情——挣钱之中，钱是他们体内流淌着的血液的唯一形式。本杰明·富兰克林不是说过："每天丢一根大头针，意味着一年要损失5苏以及所有可能从中挣到的钱。"[2]

---

[1] 参见Lucien Jerphagnon, *Connais-toi toi-même*, Albin Michel, 2012, p.98。
[2] Benjamin Franklin, *Avis nécessaire à ceux qui veulent devenir riches, op. cit.*, pp. 253-254.

在成为统治阶级后，资产阶级从未停止过对贵族阶级的拙劣模仿，与此同时也摧毁他们的价值观念。17世纪的道德主义者偏执于人类的浅薄，时刻准备着摧毁贵族的荣耀，为1789年革命的到来铺路。帕斯卡尔、拉·罗什福科（La Rochefoucauld）以及冉森派[1]极具前瞻性地预料到一个强有力的领导者的到来，在某种程度上，这为资本主义的萌芽提供了契机。人性苍穹之下，不再有任何高贵伟大之说，只剩利己主义横行，弗洛伊德主义者则将后者归于性欲和肛欲。资本家的形象是多变的，上溯到19、20世纪，他们是矫揉造作的典型，既虚伪又爱说教；而到20世纪60年代，资本家有了全新的面貌——白日克勤克俭，夜晚声色犬马（丹尼尔·贝尔［Daniel Bell］[2]），从而将经济与道德革命中遗留下来的享乐典范紧密联系起来。工作不是目的，而是为了能够消费起更舒适的生活。消费观念取代了节约意识。市场开始取悦于人，这是战后发生的变革。资本主义秩序犯下了驱散世界诗意的过错，更是让幻想破灭（马克斯·韦伯）。如今，它给娱乐秩序让步，晦涩的伦理学与享乐主义之间逐渐趋同。放荡不羁的资本家，不论是左派还是右派，都拒绝将自己的文化野心从实际工作中剥离出来。左派布波族[3]幻想在领地里过上艺术家的生活，同时保留自己的特权；右派布波族既想体验放纵的快感，又不想失去威望。他们都希望所有人获得公正，同时，自己独享的特权要得以保证[4]。

1　17世纪上半叶在法国流行的基督教派。——译注
2　Daniel Bell, *Les contradictions culturelles du capitalisme*, PUF, 1979.
3　布波族，译自bobo，指的是那些拥有较高学历、收入丰厚、追求生活享受、崇尚自由解放、积极进取的具有较强独立意识的一类人。——译注
4　参见Pierre-Michel Menger, *Portrait de l'artiste en travailleur*, Seuil, 2003。

大蛋糕

20世纪初,银行家约翰·皮尔庞特·摩根(John Pierpont Morgan)就曾表示,他不会信任一个老板的薪酬有员工的20倍之多的企业。如今,领导可以自行确定薪金,或是争取到董事会的支持,给自己加薪,小金库的财产有员工薪酬的500倍、1000倍甚至2000倍之多。然而,薪水多少并不取决于功绩,而是金融精英之间的心照不宣或是竞相攀比,尤其是面对来自盎格鲁-撒克逊以及中国的竞争对手,资本家们也不想显得掉价。现代资本主义中不断出现财大气粗的老板形象,他们希望冻结员工的工资,自己从中敛财,最好莫过于辞退大量员工,进而给自己加薪。这些横财不是竞争的必然结果,而是贪婪的衍生物。当下,精英们自说自话,列举了一连串夸张的数据,其中种种令人咋舌的名目值得狂热的语法学家来好好探究一番。为了紧随商业领域中的法式英语之流,一揽子的收入中就涵盖了年终奖、额外奖金、数年期奖金、优先认股权、无偿股票、挂名股份、全勤奖、新员工见面礼、出勤奖、解雇金、和解补偿、非竞争性条款、实物报酬、补充养老金。当人们听到这些迂回隐晦的新词时,还以为自己在做梦。同样地,还有银行家常挂在嘴边的行话,财富大亨口中夸张晦涩的词句,其中还夹杂着难以理解的缩略词。发明出这些词的人是想通过设置语言隔阂来恫吓新手。面对股东的批评,怎样才能表现出震惊的样子?也许需要一个莫里哀,将失常的资本主义的典型特质写成剧本。另外,董事长人员的更替并不单纯。换个角度思考,运动员,比如说足球运动员,从一个俱乐部转到另一个,就像人力资本一样被倒卖。

毋庸置疑,一名老板总是有成百上千个正当理由来填饱自己的肚子,却要求他人勒紧裤腰带;尤其在当下,世界各地的经理人之间存在着激烈的竞争，像是在抢夺战利品。但是管理一家企业关乎到团队凝聚力，这就要求他们发挥模范带头作用，而不是与队员划清界限。萨德的那句格言比以往任何时候都灵验。他认为，变得富有，首先意味着能够享受别人没有的东西。薪水在什么时候才是过高的？应该是在感受到横亘在最富有与最贫穷之间的差距是令人难以忍受的那一刻。企业和社会一样都应该遵守分配比例。若这个比例平衡被打破，公共世界也就不复存在。此外，这个差距也应被公开，进而被承认，高收入的人要将其大声宣告出来，即便会激起消极反应。促使他们去挣钱的，不再是传统的金钱诱惑，而是对统治以及登上奥林匹斯山[1]宝座的渴望。当一家企业内部存在如此大的分水岭时，该如何打造共同的事业？不论是雇员还是中层干部都被成功、残酷的竞争以及资本主义的常态所压迫；老板则受限于候选人间的自行遴选机制以及股东和股民间的勾结。[2]为了证明自己巨额收入的合法性，优势群体主张由市场规律发挥主导作用。所谓的"自由主义"实则是"保守主义"的别名。他们向兼顾内在公正与再分配公正的无形之手求助，力求将所谓的不平等合法化。如今，几乎所有的领域都具有平均主义色彩，这也成为社会的标志性视阈。所有已然存在的不公平现象都用"潜在的、但也是公正的社会秩序"这样的名号来为自己正名。

---

[1] 奥林匹斯山被古希腊人尊奉为神山，在希腊神话中，它的地位相当于天堂，那些统治世界、主宰人类的诸神住在这里。——译注

[2] 已经采取一些措施来防止意外发生：在亏损的情况下收回奖金，比如说花旗银行就拒绝向老板维克拉姆·潘迪特发放150万美元的额外红利，或是与秃鹫基金斗争，后者妨碍了工业战略部署，更是拒绝投资长期计划。"金融家的利益与工人及雇员的利益是相悖的，前者的收益很高，以至于只需要付出少量的劳作和原材料。"（Laurence Fontaine, *Le marché, op. cit.*, p. 266 sqq.）同样地，法国基督教企业主和领导人协会（EDC）领导者的收入在危机之后也下降了20%，目的在于和雇员保持一致。

薪酬上的巨大差距，被简化为能力差异的投射。当下的法国，新封建主义以功臣的姿态出现：不妨套用一下欧莱雅的广告词，因为"我值得拥有"。市场是全民表决的产物，致力于创造出一个最好的世界。挣钱多少成为对个人能力的审判。富人永远不自说有钱，只用"生活舒适"一笔带过，因为他们害怕在比他更富有的人面前出丑。然而为了保证社会的正常运转，贫富差距不应该像鸿沟一样难以逾越。过度失衡会戳破阶级爬升的所有希望。国际货币组织的经济学家认为，在2015年，大量财富为一部分人持有的现状，可能会影响到人们收入的上涨。放眼世界，财富聚集到惊人的地步；差不多一半的财富，也就是110万亿美元为全球1%的人所持有。换言之，一个好的社会，或是优秀的企业不会对人才实行"一刀切"，而会为每个人创造机会，在未来施展自己的才能。

当下富人中的大多数尽管并不是富二代[1]，却也能毫无顾忌地展现财富所赋予他们的权力。也就只有银行账户能将他们与普通人区分开来了。享乐或娱乐活动和我们相去无几。他们不再向往高级文化，而是憧憬着寻常的幸福。富人与穷人间的距离感只存在于空间维度，而非精神层面。尼采早已预测到这一变革，在他所处的时代，穷人和富人分别像是下等贱民和上等贱民，没有差别，就连卑鄙，也都如出一辙。[2]一些人被"邪恶的嫉妒"所啃噬，企图去颠覆社会；有些人则为无止境的贪欲所困扰，却只能从事着辛苦的工作。这就是现代社会，平民百姓你争我抢，为了得到认可，投身于一场粗暴的比赛之中。

---

1 罗伯特·弗兰克认为只有三分之一的美国富豪会将财产留给后代。(*Richistan, op. cit.,* p. 107)
2 Nietzsche, *Ainsi parlait Zarathoustra*, Folio-Gallimard, 1985, p. 327.

贪婪之人是简单的主宰者

人们口中的贪婪，可能什么都不是，只是图方便取的称呼。金钱为优渥的生活提供了必备的物质条件，却不会因此成为生活的主导。金钱赋予存在最为直接的意义在于攒上几百万总比走上人生巅峰更容易一些。物质富足本就是精神充实的前提，但是很多人却没有能力达到后者的高度。贪婪之人有且只有一股欲望，并且永远都无法得到满足：小心翼翼地窥视着数字，带着近乎微醺的喜悦将小数相加。证券操作、偿回、合并、股票交易，他跟随着肾上腺素迸发出的节奏，活在骚动的状态下。金钱就像孕育生命的子宫，生生不息，不识何为"上限"。贪婪的人从每次冒险中享受着衰败或是荣耀所带来的快感。当一群人只为一件事情所忧虑担心或是奋发努力时，他们也就没有时间更没有闲情逸致关注其他难题或烦心事。英国评论家、诗人塞缪尔·约翰逊（Samuel Johnson，1709—1784）曾说过："没有比挣钱更无辜的方式来消磨时间了。"[1]因为这时人们不再思考其他东西。贪婪的人缺乏想象力，他们从纷繁复杂的世事间，将一件事情，唯一的一件事情，隔离出来，并全身心奉献于此。

对财富的追寻始终走的是上坡路，这必定会让人想起柏拉图提出的灵魂学说，即便前者是对后者的拙劣模仿。譬如说，登上财富榜是肯定自身存在价值的一种方式，还

---

[1] Albert Hirschman, *Les passions et les intérêts, op. cit.*, p. 54.

因此带来了两种好处：靠着金钱过上更好的生活，或是挣最多的钱，花都花不完。享受事情的多样性所带来的快乐，快活地吃饭，幸福地爱恋，培养自己的才智，提高艺术文学方面的修养，穿着讲究，环游世界；或者相反，不断地积聚财富。"我们的时代只知道挣钱和工作，就像不再有钱可赚，不用有工作可做。"（尼采）生活中，我们要在现金流通和资本积累之间做出选择，舍弃一个，另一个就会膨胀。前者带来了消费的享乐，另一个则是财富日益增多的满足。

艺术家和流氓

一向简朴的清教徒式的资本家算是老牌资本主义国家的遗珠（这是资本主义借助马克斯·韦伯的才智进行的一次重建），他们先前的生活模式已经退出历史舞台。20世纪初，安德鲁·卡耐基曾经说过，富人应该行事低调，不露富，不放肆，要成为"穷兄弟们唯一的托付，将自己的经验才智以及办事能力为他们所用，好过于让他们自食其力"[1]。2013年4月，一家法国报社很诧异地发现，老派的日内瓦银行家仍旧保持着喝清汤、吃西红柿塞肉的习惯，再吃第三道菜的话就被会被视作贪吃。[2]然而，统治阶级早已不再模仿他们，这得直接归因于20世纪60年代享乐主义者主导的革命，统治阶级甚至与其永远的敌人，也就是流氓和艺术家站在了同一战线：流

---

[1] Andrew Carnegie, 引自 Marc Abélès, *Les nouveaux riches. Un ethnologue dans la Silicon Valley*, Odile Jacob, 2002, pp. 75-76。
[2] *Le Monde*, 27 avril 2013.

氓违反法律，艺术家反抗体制和准则。以理查德·布兰森[1]（Richard Branson）为代表的嬉皮士资本家，拥有数十亿身家，潇洒自在，穿牛仔裤，踩人字拖，他们会逃税，但也积极对抗气候变暖、贫困和艾滋病。他们的导师是富有的画家、伟大的运动员或是来自某个阶层的重要人物，也有可能是探险家，甚至是独裁者。在理论层面，艺术是最无私的活动，现也成为最为赚钱的行当。如今，资本就是艺术作品，是才华所创造出的价值，是一幅油画。艺术成为身份地位的象征，彰显出真实的审美品位。人们把价值连城的画作挂在墙上，吸引参观者的注意力。只要作者享受盛名，那么收藏家的名字也同样重要。比如刘益谦，他曾经是出租车司机，后跻身亿万富翁之列，在佳士得拍卖行以1.704亿美元拍下了莫迪里阿尼（Modigliani）的作品——《侧卧的裸女》（*Nu couché*）。购买者在购得一件毕加索或者德加的画作的同时，也获得了名望，并会随着拍卖价格的上涨而提高，就像是战利品，给他们带来荣耀。同样地，也有人会花上一大笔钱购买在市场上崭露头角的年轻画家的作品。这不同于名家名作，年轻艺术家想借作品标榜自己对现世的反叛，也想获得丰富的酬劳，完成象征层面的颠覆与银行进账的双赢。杰夫·昆斯（Jeff Koons）、安尼施·卡普尔（Anish Kapoor）、达米恩·赫斯特就是这样。20世纪50年代，萨尔瓦多·达利（Salvador Dali）在和"西蒙与舒斯特"出版社签订图书合同之后，不就拍了张左右脸颊上各放了一张一万美元支票的照片吗？最别出心裁的是邀请一些设计师共进晚餐，或是一些名人出席生日派对，再或是请艺术家来为自己画像，就像昔日的王公贵族经常做的那样，这样自

---

1 理查德·布兰森（Richard Branson, 1950—　）是英国著名企业维珍集团的执行长。
——译注

萨尔瓦多·达利

己也成了一件艺术品。马克·奎恩（Marc Quin）以凯特·摩丝（Kate Moss）为模特，用50千克纯金打造了一个呈美人鱼状的雕塑，摆着复杂的瑜伽姿势；再比如，皮埃尔和吉列（Pierre et Gilles）组合也使长着络腮胡子、有异装癖的歌手肯奇塔·沃斯特（Conchita Wurst）被人铭记，那张照片中他被光圈环绕，仿佛是个圣人。

资产阶级圈子中的生活往往过于平静，但现在应该振奋起来。有一部分精英对资本主义制度下的艺术批评[1]甚为敏感，呼吁满足这个阶层对真实性以及自由的诉求。资产阶级感到恐慌，更难以忍

---

[1] 关于此，参见Karl Marx的 *Manuscrits de 1844*（Editions sociales,1972）以及Luc Boltanski et Eve Chiapello, *Le nouvel esprit du capitalisme*, Gallimard, 1999, chapitre VII, «A l'épreuve de la critique artiste», p. 501 sqq。

长着络腮胡子、有异装癖的歌手肯奇塔·沃斯特

受自身的狭隘，厌恶原有的道德习惯，想被当作一名流浪汉。他们被"对经验的剧烈渴求"征服（丹尼尔·贝尔）[1]，艳羡伟大的创新者，欣赏他们的创新精神以及大胆的执行力，就像吕克·费希（Luc Ferry）清楚意识到的那样。放浪形骸的文学艺术家想要融入资产阶级，而有产者却想成为他们中的一员。[2]后者在艺术市场前显得痴狂，梦想着从每个笔触中穿过，感知有限情况下的迷醉。他们昔日因为平庸而饱受非议，如今却又因放纵和怪异的言行遭到挖苦。资产阶级与"节制女神"一刀两断，从此偏离中庸之道，如同脱离了家中严父的管控。

另一个趋势则是有组织的犯罪，这逐渐影响了日常的经济形

---

1 Daniel Bell, *Les contradictions culturelles du capitalisme, op. cit.*, p. 90.
2 Luc Ferry, *L'innovation destructrice*, Plon, 2014, p. 104. 也可参见*L'invention de la vie de bohème*, Cercle d'art, 2012以及Pierre- Michel Menger的经典之作*Portrait de l'artiste en travailleur*。

态，甚至在一些国家，工业与黑社会建立起了联系。[1]1989年，在一场企图干涉哥伦比亚总统大选的恐怖活动过后，巴勃罗·埃斯科瓦尔（Pablo Escobar）[2]难道未曾向当局提议偿还本国的外债吗？[3]查韦斯领导下的委内瑞拉不就成为一个黑手党国家，国家领导人也成了犯罪集团的头领吗？柏林墙的倒塌在东欧催生出了新的黑帮组织，尤其是在俄国，他们擅长抢劫和掠夺，甚至还接任了苏联高级政府官员的职位。记者罗伯托·索里亚诺（Roberto Saviano）就曾很有力地指出，来自那不勒斯的克莫拉（Camorra）[4]已经渗入意大利北部工业以及西班牙旅游业中。斯堪的纳维亚的侦探小说多以在统治阶级内频发的杀人案为主题，设下了"涵盖了社会上层以及下层人民的犯罪格局"（雅克·德·圣-维克多）[5]，并牢牢抓住议会制度的弱点来施加压力。官员、公司管理者、达官显贵还有银行家都与有组织的犯罪团伙签订了"邪恶公约"，过上黑帮头目的理想生活，匪徒则希望自己摇身一变成为银行家。这个行动同样使得证券交易所的强盗们兴奋不已，他们用各种方法压榨门外汉，更以后者的天真无知为基石来搭建庞兹的金字塔[6]。最典型的是，有些人混得有头有脸，兼具智者和食肉动物的特质，成为某些富豪效仿的对象，当然他们只关心如何扩大自己的权力，而无视人类律法。

---

1 据统计，每年地下犯罪团伙会给意大利的经济带来将近1000亿欧元的损失。参见David Wolman, *The End of Money*, Da Capo Press, 2012, p. 54。
2 巴勃罗·埃斯科瓦尔(1949—1993)：哥伦比亚最大的贩毒集团——麦德林卡特尔集团的首领。埃斯科瓦尔控制着全世界的可卡因贸易。1989年策划刺杀总统候选人格兰先生。——译注
3 参见Jacques de Saint-Victor, *Un pouvoir invisible, op. cit*., p. 256。
4 克莫拉是类似黑手党的秘密社团，是意大利最古老的有组织犯罪团体，通过毒品交易和敲诈勒索来获得活动经费。——译注
5 雅克·德·圣-维克多（Jacques de Saint-Victor）赞同这一假说，即资本主义社会风气与黑手党的习性之间存在相似性，前者崇尚冒险，后者则推崇具有竞争性的破坏。
6 查尔斯·庞兹以欺诈后来投资者的投资支付早期投资者的"庞氏骗局"而著称，金字塔骗局的始祖。——译注

查尔斯·庞兹的"金字塔"

罪犯是特别的,尤其是尼采笔下的罪犯,不会任由自己为芸芸众生所遵循的道德所束缚。他深受20世纪60年代道德解放运动的鼓舞,与人类学的乐观主义背道而驰。可以说,人类的欲望就本质而言是好的,本来不应该对其加以限制。我们必须承认,黑格尔口中的理性的狡黠正是通过狂放的热情来达成崇高的目的。现代性的狡黠在于利用崇高可贵的激情来制造残酷的情形。现代享乐主义贯穿于新型犯罪,也带来更多的可能,使得犯罪得以在新的领域拓展延伸。在未来,一切都在黑手党资本主义和正直资本主义的对立之间上演。从本质来看,享乐主义者比保守派更容易受到道德败坏的影响,毕竟唯一的标尺就是自己能否尽兴。让我们再回顾一下汉娜·阿伦特(Hannah Arendt)[1]在另一篇关于

---

[1] 汉娜·阿伦特(1906—1975):犹太裔美国政治理论家,代表作品有《极权主义的起源》《精神生活》等。——译注

纳粹主义崛起的文章中说的一句话："上层社会爱上了自己的劣根性。"

金钱的终结，经济的末日

凯恩斯在1945年写道："经济问题退入幕后的时代来临了，经济问题将回归到他本来的位置，思想和灵魂将会被现实问题所占据，或者说重新占据：其中包括生计、人际关系、创造力、行为举止以及宗教问题。"[1]因而社会应对崇高的使命——比如说幸福——予以关注，而忽视财富、技术、增长这些可憎的毒素。有这样一个奇怪的趋势，一旦工业机器可以自动化地制造繁荣，经济学家也就注定要逐渐隐退。这让人想起卡尔·马克思在《德意志意识形态》（*L'idéologie allemande*）中提出的希冀，在共产主义社会中，富足应当如此，社会调节着生产，人们因此可以早晨打猎，中午钓鱼，晚上专心搞批判，不用一直做一名猎人、渔夫或是批评家。这是个令人震惊的预言，曾耗尽一生探寻经济问题的个体突然间将金钱视为身外之物。研究数据和几何曲线的专家梦想着诗歌和爱情。但也有反例，那些在文学界和艺术界中公开表示鄙视金钱的人，却以一种强迫性的姿态，不断地谈论金钱，像是患了某种疾病。

其他人则看好货币的终结，至少对实体货币的消亡

---

[1] Zygmunt Bauman, *Les riches font-ils le bonheur de tous*?, Armand Colin, 2014, p. 54.

以及电子货币的扩张持如此态度,"兆字节货币"变为嵌在耳后或者是皮肤下方的芯片。当然这一转变减少了伪币制、财物偷窃、运钞车抢劫以及黑手党洗钱等罪行的发生。移动电话成为便携式银行,可以为村庄和少数民族聚居区的穷人提供金融服务。[1]这些优势是确实存在的,尽管随之而来的电子诈骗变得越发猖獗。有一些概念还不太明确,那就是我们目睹的并不是货币的完结,而是它形态的转变。既然无法杜绝人类对金钱的狂热,我们转而尝试抹除货币身上的诅咒符号,期望借此清除邪念。然而,对现金的偏爱也证明了金钱的非实物化仍旧是一个乌托邦。为了施舍1美元或1欧元给流浪汉,就将一张信用卡给他,你可以想象这样的情形吗?无论是废除金钱或实现金钱的非实物化,目标都是一致的:摆脱物质束缚。但是为了实现这一最终状态,需要对经济、货币、财政等方面进行长篇的解释,还需要重提人们所不屑的、所反抗的东西。凯恩斯用预言家的口吻说道:"当财富在社会中不再那么重要的时候,道德准则将会发生翻天覆地的变化。爱财的'爱',不同于将金钱用作体验人生乐趣、了解人生百态的方式所产生的'爱',前者着实是令人厌恶的病态,掺杂着一半犯罪、一半反常的热情,人们打着哆嗦将这个病例提交给精神病专家。"[2]这样也好!然而,将未来视作给人

---

[1] 关于这个主题,参见David Wolman, *The End of Money*, 以及Jean-Claude Carrière, *L'Argent, sa vie, sa mort*。作者让金钱以第一人称的口吻讲话,并预言金钱即将不复存在。

[2] John Maynard Keynes, « Perspectives économiques pour nos petits-enfants (1930) », in *Essais sur la monnaie et l'économie*, Payot, 1990.

以慰藉的温柔乡，一直以来都是借口而已。这是一种看待人性的方式，当然我们看到的不是它本身的样子，而是我们期待它应有的模样。最后，应该用这个观点来结尾：这永远都不是世界、宗教、国家以及历史的尽头，而是某一个世界、某一个历史视角以及某一种信仰形态的终结。实体货币并未濒临灭绝，人性的病态也未曾得到治愈。

孩子气的幸福

1937年3月，在维也纳召开的一场会议上，罗伯特·穆齐尔解释道，不同于平民百姓，艺术家和作家有权利做一个天真的傻瓜[1]。正是他们的身份地位才使得他们如此大言不惭以及去做别人不可以做的事情：肆意张扬自己的才华，说着华而不实的蠢话，却被视作启示。这同样也是财富的优势：让其持有者像孩子一样，而近乎所有的事情于孩子而言都是被允许的。比如说，他们可以将无病呻吟提升到悲剧层面。"穷人则被迫在痛苦面前表现得隐忍。富人则将自己的痛苦摆上台面。"（夏尔·波德莱尔［Charles Beaudelaire］）富人身边萦绕着热情的氛围，在他们身边，人们呼吸浸润着成功的新鲜空气（但是不一会儿，穷人就会两眼翻白，觉得恶心）。有一些人会在宏伟的楼宇前迈不开步子，根据所结识对象的声望来决定是否交好，再变着花样讨好，希望能够融入圈子中。这是一场危险的游戏，因为奉承比自己更富裕的人，就像是冒险撕开还未结痂的

---

1 Robert Musil, *Essais*, Seuil, 1978, p. 296.

伤口。这是通往苦难的荣耀之路。伊迪丝·华顿（Edith Wharton）[1]的《纯真年代》（*Chez les heureux du monde*）一书中有位莉莉·巴特（Lily Bart），她是一个迷人可爱却身无分文的孤女，生活在20世纪初的纽约，像扑火的飞蛾，被朋友们所处的富裕阶层所吸引，最终却被抛弃，原因就在于她没有掌握这个圈子的规则。[2]特权阶级的一生都被庇佑，万能的财富之神赐福于他们。财富有两层意思，一个是富足，另一个则是偶然。财富是贫穷与奢华的姐妹，给我们带来快乐。富裕阶层释放出的能量远超过他们的财富。若经常拜访他们，我们也可以沾光。

富人是君主，一时兴起，会逗我们开心，但也会迁怒于我们。[3]他们对日常规则熟视无睹，自恃与众不同。当由于腐败罪行的暴露而落马的时候，他们会用一种滑稽的方式来呼喊，就像罗伯特·戴蒙德[4]（Robert Diamond）。他是巴克莱前任首席执行官，因为操纵Libor利率（伦敦银行间同业拆借利率）的丑闻而被免职。他说过："我从未为了赚钱而从事这个行业。这不是我的志向所在，到头来却直接栽在这上面了。"[5]他的继任者里奇·瑞西

---

1 伊迪丝·华顿（Edith Wharton, 1862—1937）：美国女作家，获得1921年普利策小说奖，代表作品有《纯真年代》《快乐之家》等。——译注
2 Edith Wharton, *Chez les heureux du monde* (1905), traduction de Charles Dubos, préface de Frédéric Vitoux, Gallimard, coll. « L'Imaginaire », 2000.
3 财富评估公司Wealth-X与瑞士联合银行集团联合展开的研究表明，到2020年，全世界将有3800名亿万富翁。现在亿万富翁中的大多数并不是富二代，81%是凭借自己的努力积聚财富。根据英国非政府组织乐施会统计，截至2016年，1%最为富有的人的财产加起来会超过剩下的99%的人的财产总和。这1%仍有将近7300万人，其中2325名是亿万富翁。10%的中国富豪占有全中国总财富的75%。
4 罗伯特·戴蒙德（1951—　）：美国银行家，曾经担任全球规模最大的银行及金融机构——巴克莱银行的CEO。2012年，因参与操纵Libor利率请辞巴克莱银行首席执行官职务。——译注
5 Marc Rocher, *Le Monde*, 15 mai 2013.

(Rich Ricci，一个带有宿命的名字)认为，要是没有1亿美元，就很难在伦敦或者纽约生活下去。1951年，世界大亨威廉·赫斯特[1]（William Randolph Hearst）要求躺在一个保险箱形状的棺木中下葬，来世延续自己追逐财富的热情。到19世纪末，美国社会学家托斯丹·凡勃伦[2]（Thorstein Veblen）提出了一种定律：经济实力一定会和炫耀性消费联系起来。"美丽其实意指经济上的荣耀。"在那个时代，范德比尔特家族在纽约修建了超级豪华的酒店（其中57号大街上的那一家至少有137个房间）。罗得岛州上的"大理石宫殿"，造价高达1100万美元。1882年，科尼利厄斯·范德比尔特二世（Cornelius Vanderbilt II）把它作为生日礼物送给妻子。同一时期，一名工头每天只能挣1.25美元，一名技术还不熟练的工人的薪酬则是2美分一小时。[3]摩根（J.P.Morgan）第一次买下维米尔的油画时，不是出于喜爱，而是因为它售价很高，这样才能给同僚们留下深刻的印象[4]。已故的亚里士多德·奥纳西斯[5]（Aristote Onassis）生前曾和竞争对手史塔沃斯·尼阿克斯（Stavros Niarchos）展开激烈竞争。20世纪70年代，他游艇酒吧里的凳子都覆上了抹香鲸的包皮，水龙头都是用纯金打造，马赛克铺面的游泳池可以变形为一个可折叠的舞池。[6]就像奢侈品杂志所说的那样，这都是大男孩的玩具（big boys' toys）。

---

[1] 威廉·赫斯特（1863—1951）：赫斯特国际集团的创始人，报业大王，新闻史上饱受争议的人物，被称为新闻界的"希特勒""黄色新闻大王"。电影《公民凯恩》便是以他为原型。——译注
[2] 托斯丹·凡勃伦（1857—1929），美国社会学家、经济学家、制度学派的创始人和主要代表人物，代表作有《有闲阶级论》《企业论》等。——译注
[3] 参见 Robert Frank, *Richistan, op. cit.*, p. 35。
[4] 参见 Annie Cohen-Solal in Pascal Morand, *Les religions et le luxe, op. cit.*, p. 67。
[5] 亚里士多德·奥纳西斯（1906—1975）是希腊船王。——译注
[6] 参见 Robert Frank, *La course au luxe, op. cit.*, p. 25。

现在和以前一样，富豪们都热衷攀比汽车、船还有房子：游艇升级成了邮轮，还自带直升机降落跑道、室内外游泳池和袖珍潜艇，住所更是高大漂亮，还没有算上造成机场堵塞、空中交通拥堵的私人飞机。[1]所有怪诞的想法都可以得到满足。2004年，印度人拉克希米·米塔尔[2]（Lakshmi Mitta）让女儿在法国出嫁，邀请了1000位宾客，更是租下了杜伊乐宫和凡尔赛宫，花费高达7000万美元（2013年，一位印度企业家也在戛纳为女儿举办婚礼，但是没有获准在十字大道上骑着大象游行）。来自同阶级的压力是冷酷的，更导致了欲望的无限膨胀。现在有头有脸的人都是由1%的高收入者以及0.1%的很高收入的人组成的，早已不能用言语来描述这些等级制度了，即使用法语语法中的最高级也显得很苍白。这些人想的是最好远远甩开紧随其后的财富候选者，花上更多的钱——数十万甚至是上百万美元——来守住自己的地盘，捍卫自身的社会地位。金钱使其所有者成了捍卫自己身份的律师。这场追逐赛促使中产阶级——也就是"近乎富有"的那一类人，冒着负债的风险[3]和上层阶级竞相购买奢侈品，这是毫无意义的。财富物化了我们最为幼稚的欲望，还满足了我们想要为世人所知的渴求，哪怕是通过炫富的方式。"追求财富，实则是寻求他人的认可和好感，是对被爱戴、被羡慕的渴望"，这点从亚当·斯密的时代起就已明了。各种怪诞的想法只有在与他人发生联系时才有意义，毕竟不能在别人面前掉价。

金钱给人们以自由，但同时也奴役了他们，迫使逃税漏税的人移居国外，富得流油的那些人更是隐居起来，像是南美或是俄罗

---

1 参见 Robert Frank, *Richistan, op. cit.*, chapitre VII。
2 拉克希米·米塔尔（1950—　）是印度钢铁业巨头。——译注
3 参见Robert Frank, *La course au luxe*。

斯的上流资产阶级更是用栅栏和瞭望台封锁自己，躲在财富堆砌起的堡垒中。若是逼迫他们和其他人挤在狭小的空间中，简直是个诅咒。他们不会给不速之客开门，也不想体验城市各阶层的融合，更不想感受大城市的繁荣，哪怕这些使得偶遇、闲逛以及经常出入咖啡馆变得令人兴奋。普鲁斯特在回忆起巴尔贝克大酒店的餐厅时，将其描述为一个巨大的鱼缸，鱼缸后面聚集着工人、渔夫还有小资产阶级，欣赏着这场"绝妙动物的盛宴"，公爵、女伯爵还有银行家则坐在其中吃饭。当然并不一定是"绝妙动物的盛宴"让我们垂涎，也无法确定这样的快乐与惊奇是否只在上层社会中挑选安家居所。不管怎样，社会各阶级的关系注定会愈发紧密。金钱，是个恶毒的神仙，在流通中让富人发愣，把他们冻结在那里，就像是盐雕塑。

吝啬鬼和挥霍者

德国社会民主党主席西格玛尔·加布里尔（Sigmar Gabriel）曾经说道："安格拉·默克尔像个吝啬的老阿姨，将包紧紧地按在膝盖上，这样就不会有人把钱偷走了，德国人喜欢她这样。"节俭意识和吝啬之间存有差别，前者具有伦理哲学的色彩，而后者则是"潴留病"。再怎么小心谨慎地花钱，到头来都是将金钱投入到流通中。吝啬的人有这样的特点，会将金钱与身体器官等同起来。花钱等于被肢解。金钱是他们的皮肤、神经、肌肉，如此一来，花钱于他们而言等于被肢解。他们用枯槁的、不朽的材料制造了一个躯壳，希望以此存活下去，这于无意中泄露了对长生不老的渴望。他自身就是财富，不仅仅是因为他拥有财富，而是金钱打造了他。攒钱只是为了避免花钱，没有什么乐趣可以比得上对财富的占有。

看看莫里哀笔下的阿巴贡，既可憎又天真，他把装有10000埃居的宝盒埋在花园的时候就露出了马脚。他是狡诈的，向外放高利贷；又是厚颜无耻的，一心想把女儿嫁给五十多岁的老头儿，就因为老头儿不要嫁妆。他还自命不凡，琢磨着娶一位二十多岁的年轻女子，然而她已经爱上了阿巴贡的儿子。像是着了魔似的，他想在财富的迅速增长中寻求焕发青春的偏方，就像他想要通过与一位姑娘结合来获得新生一样。莫里哀笔下的悭吝人活在他人的鄙夷之中。avaritia是"avide"的词根，在中世纪时被等同于高利贷之母——贪婪。avaritia一词实则表达了对生活和生命充满激情，并非是自莫里哀时代之后备受批评的小心眼。在《最后的审判》[1]中，贪婪的人即使被打入地狱，也把钱包系在脖子上。他将钱包奉为圣物，一直到死。[2]

富人要是小气的话，会让人大跌眼镜，好像他们想要兼具所有的状态，既可以像富人一样挥霍，又能如穷人那般节俭：来自加利福尼亚的保罗·格蒂（Paul Getty），是一名靠石油发家的亿万富翁。他曾在伦敦的家中装了付费电话，供客人使用；他从不会第一个离开会场，免得要付打车的费用。也有可能他只是想避免财富所带来的倦怠

---

[1] 《最后的审判》为意大利文艺复兴大师米开朗琪罗为西斯廷天主堂绘制的一幅巨型祭台圣像画。——译注

[2] 参见Philippe Ariès, *Essais sur l'histoire de la mort en Occident, du Moyen Age à nos jours*, Points-Seuil, 1977, p. 83。

感，所以像事业刚起步的人一样做事，一个子儿一个子儿地精打细算。吝啬做减法，像块浮冰漂在心中。吝啬的人惊恐地意识到金钱从未真正地属于过自己，它捉摸不定，转瞬即逝，所以他们才会锱铢必较。由此看来，弗洛伊德做出的关于肛欲的隐喻是合理的。然而，正如桑多尔·费伦齐[1]（Sándor Ferenczi）所说："金钱只是经过除臭和脱水处理后锃光瓦亮的粪便。"[2]或者说，爱财揭示了粪便表象下的死亡本能（诺尔曼·布朗[Norman Brown]），这个观点稍许有些偏激。毕竟即便烘干粪便之后再擦亮，也得不到一枚金币、1苏，更别说是1欧了。

挥霍者和阿巴贡的对立，就像是狂热的金钱和清醒的金钱的对立。败家子从未停止通过无节制的、有形的花费来强调自己对金钱漠视到了何种程度。任何一个节日、宴会或是高消费都阻止不了他。当他把金钱乱扔的时候，他期待着其他人向他投来敬畏的目光。花钱大手大脚的人就好铺张浪费，还去斥责一毛不拔的家伙。1984年3月11日，塞尔日·甘斯布[3]（Serge Gainsbourg）在电视上公开烧毁了一张500法郎的纸币，以抗议税务部门的所作所为，与法律抗衡，对金牛犊表示蔑视。挥霍者的大手大脚证明他并不是要与自己所不屑的东西撇清关系。他的慷慨具有欺骗性，牵扯进对财富的无休止的清算中。

正如亚里士多德已然认识到的，吝啬和挥霍是一块奖

---

[1] 桑多尔·费伦齐（1873—1933）：匈牙利心理学家，早期精神分析的代表人物。——译注
[2] Norman O. Brown, *Eros et Thanatos. La psychanalyse appliquée à l'Histoire*, Jullliard, 1960, p. 60.
[3] 塞尔日·甘斯布（1928—1991）：法国歌手，作家，法国流行音乐史上的重要人物。——译注

牌的不同两面。他将这两者与自由主义者对立开来，后者出于道德感和消遣的需要，很乐意在必要的时候花必要的钱。[1]当然，贵族和名人的大手笔无人能比。人们在吝啬和慷慨之间摇摆，会因为一笔不值一提的小钱斤斤计较，会不舍得为小东西花钱，但也会脑袋一热去赌博。和金钱建立起的最为合理的关系应是多样的，只要金钱看上去依然具备无穷的能力，这段关系就是我们对金钱进行揣测的总和。

只对穷人征税吗？

正是通过对社会规则尤其是税务规则的违抗，新兴势力集团表露出逃离公共世界的倾向。作为逃税以及移民方面的能手，他们手下都养着大批的税务专家和律师，想方设法逃避普通公民应尽的义务。一些人不愿在本土投资。自2011年投票通过《海外账户纳税法案》之后，9000名移居国外的美国人选择放弃国籍，因为该法律强制规定海外银行要向美国国内税务局通报所有美国公民的账户信息。在逃税天堂洗钱，再设立各类大型公司加以优化，已经成为一种惯例，即便是在税务压力没有那么大的国家也是如此。[2]（一般来讲，在欧洲的一些大公司，像是亚马逊、谷歌，比小企业少缴20%的税，也就是19%对35%。）以至于在2011年，沃伦·巴菲特（Warren Buffett）和其他亿万富翁在《纽约时报》上向奥巴

---

[1] Aristote, *Ethique à Nicomaque, op. cit.*, livre IV, chapitre I, pp. 152-153.
[2] « La nouvelle puissance des riches », *L'Express*, 23-29 juillet 2014.

马总统发出请求："不要再拍那群肮脏的有钱人的马屁了。"（Stop pampering the filthy rich!）他要求政府增加所有年收入超过100万美元的人的赋税。与这些"慷慨"的亿万富翁不一样，有产阶级普遍对征税这个老旧做法感到愤怒，认为这种举措仅仅是针对平民百姓。"我认为税收政策只针对穷人。"1989年纽约"酒店女王"利昂娜·赫尔姆斯利（Leona Helmsley）带着几分谐趣与天真如此说道。她之后因为偷税被起诉，并被判入狱。[1]这是最为精辟的一句话，涵盖了整个时代的信条。富人阶层中的一部分人想要待在自己圈子里，过着高人一等的、离群索居式的生活，保留着鲁滨孙式的传奇色彩。我们可将此归咎于沉重的税务压力，但是某些享有特权的人拒绝以教育和医疗的形式，向社会返还一部分社会曾经给予他们的福利，这很让人吃惊。若不能带动他人一起致富，也没有以基金会、学校、医院的形式来造福社会，个人财富又算是什么呢？生活得最为悲惨的恰恰是中产阶级，他们在无产阶级的铁锤和富人阶层的铁钻夹击中幸存下来，还得如数缴税。

有朝一日，金钱会反抗富人，当然他们现在处于被保护、被选中、独占优势、垄断一切的状态，还不屑于任何形式的竞争（约瑟夫·斯蒂格利茨［Joseph Stiglitz］）。约瑟夫·熊彼特有一著名论断，市场如果具有"创造性破坏"这一特征，那么必然也会带来毁灭性破坏。某些金融领域中的秃鹫基金、公司收购以及明目张胆地犯下欺诈罪的评级机构，包括大企业的瓦解，都是为了一些人的利

---

[1] 2007年，利昂娜·赫尔姆斯利去世，除去给医院以及慈善机构捐赠几百万美元之外，还给她名为"麻烦"的狗留下1200万美元的遗产，让它得以安度晚年（后来法官把这一数额缩减到200万美元）。她的这一举动被《财富》杂志评为年度101个最愚蠢的事件之一。

益，他们想尽办法摆脱体制的束缚。[1]在当下的危机中，这加重了他们身上的担子，也让经济变得不堪一击，生产被打断，市场的所有出口被堵住。平庸而不乏责任感的古典资产阶级在这场肆虐的灾害中销声匿迹了，其中包括弥尔顿（Milton）。在17世纪，他说即便只剩他一人，仍旧会遵循道德规范。[2]资本主义并非意味着毁灭，而是精打细算与大胆果敢的巧妙融合，是将收益再次投入到革新的一种决绝（马克斯·韦伯）。难道现在不是将谋取利益作为重中之重的时代吗？"Inter esse"从词源上来说表示相互依赖，共同建设社会，将理性的自爱与对他者的关心结合起来。亚当·斯密早已预言：财富与伟大总是成对出现，其中还包含名誉、品行、管理能力以及模范作用。要是没有公德心，没有公民责任感以及帮助他人的意愿，那财富又有何用？巴尔扎克曾说过："金钱只有在大幅度失衡的情况下才能发挥威力。"它只能在某个程度上起到文明教化的作用。超出这个限度，也就是说，当金钱在暴力时代使用各种手段时，它就成为"野蛮"的盟友，正如盗匪和恐怖分子的行径所揭示的一样。

根据费尔南·布罗代尔[3]（Fernand Braudel）的论断，老一辈的资本家从未停止摧毁统治阶级，进而丰满自己的羽翼，贵族"将自己老旧的头衔兜售给金融家的女儿"[4]（《漂亮朋友》）。老资产阶级没有翎毛的装饰，饱受奚落。但起码他或多或少曾被上流文化所吸

---

[1] 2015年2月，美国司法部指控标准普尔公司（Standard &Poor's）采用 "一种企图误导投资者的评级标准"，以及将不利于投资者的产品认定为安全投资。司法部对其处以15亿美元的罚款。
[2] Max Weber, *L'éthique protestante et l'esprit du capitalisme, op. cit.*, p. 201, note 1.
[3] 费尔南·布罗代尔（1902—1985）：法国年鉴学派第二代史学家，提出了著名的"长时段理论"，著有《菲利浦二世时代的地中海》和《地中海世界》。——译注
[4] Guy de Maupassant, *Bel-Ami, op. cit.*, p. 356.

引,自认为有必要去践行以及宣传上流文化;至少他意识到自己对世界的责任,也明白如何才能做到"实用性与舒适性兼得"(伏尔泰),也正是在这两者之间,老资产阶级寻找到自身的神圣使命。资产阶级被描述为"反英雄"(赫伊津哈[Huizinga])、"庸碌之辈"(巴塔耶[Bataille])。他们被恐惧所驱使,但也知道如何提升自己,表现出有能力站在自己的对立面进行思考,去拆毁束缚自己的条条框框。因此,就当下而言,真正的资本家往往会鄙视自己所处的阶级,像个叛徒,还以贬低自我为傲。正如托马斯·曼(Thomas Mann)在《布登勃洛克一家》(*Les Buddenbrook*)中所说的,资产阶级成为功勋卓著的贵族,关注着人类发展与福利。贵族身份再也不是出生时就注定好的,而是坚韧的品格、辛勤的工作以及天分所带来的。

精英分子身上的孩子气也不能让我们忘记,富人阶层一直以来就代表并带来了一种典范式的生活艺术。我们现在所要谴责他们的,不再是他们想要控制世界,而是缺乏斗志、鼠目寸光,他们以大业为代价来贪图一时的享乐。施本格勒(Spengler)就说过:"发展到较高层次的文化是离不开奢华和财富的。"对文学、艺术或是科学事业给予大力帮助的重要人物有很多,像是以往的美第奇家族、罗斯柴尔德家族、卡蒙多家族、贝列拉家族以及希腊的奥纳西斯和尼亚高斯家族,如今还有法国的伯纳德·阿诺特(Bernard Arnault)、弗朗索瓦·皮诺特(François Pinault)、活跃在征服太空领域的杰夫·贝佐斯(Jeff Bezos)和埃隆·马斯克(Elon Musk)、中国的郑志刚和刘益谦、印度的塔塔家族和阿兹姆·普雷姆吉(Azim Premji),他们用巨额的财富造福人类,将卑劣的金属转变为美好与慷慨。只有这样,精英分子才不会沦为无情的贪财者,不会牺牲一切仅成为数字专家。

一支名叫破产的郁金香

君士坦丁堡的国王痴迷于花卉和园艺,更是在18世纪时培育出了许多不同种类的、带有大理石花纹的郁金香,他将此命名为"Sahipkiran",意思是"破产"。[1]没有什么能比这更好地证明投机分子是有多渴望自我毁灭了。破产充满诱惑力,就像人们迫切渴望从悬崖坠下。它独树一帜,甚至还有地理标志。华尔街与纽约是不可分割的,纽约是一座恣意表露感情的城市。与此同时,新科技的发源地硅谷位于加利福尼亚的地震高发区域。有人曾将股市比喻为一个竞技场,一个容易让人头脑发热的赌场。但是更让人震惊的是,股票振幅是可被预测的,并呈单一反复性,进而可以更好地管理日常事务,开展投资和借款活动。要是金融对一个国家、一个家庭的经济状况而言并不是不可或缺的,那么一切都会变得更加简单,资金紧缺,就像战争一样,将扼住经济的喉咙。

努里加·罗比尼(Nouriel Roubini)是唯一一个预测到2008年金融危机的经济学家,他将经济危机称为"常规的产物"。这些自信满满地追逐利益的人因何招来这场坍塌?在金融星球变得比地球更加肥胖的时候(尼尔·弗格森[Niall Ferguson]),金钱最终带我们看到了银行账户的真面目。金融举措必须受到有效管治,置于政治管控

---

[1] Laurence Fontaine, *Le marché, op. cit.,* chapitre VII, p.303.

之中。获取信贷的途径也要得到保障。信用对我们的生活而言，和好的身体一样重要。大量的财富若为少数投机者所持有，将迅速演变为灾难的导火索。人们应该不惜一切代价清理过剩的资本。人类拥有金钱，掌握先进的技术，却用大规模杀伤性武器指向自己的太阳穴。

第九章

富有不是罪过，贫穷亦非美德

> 如果你看到一名瑞士银行家从窗户跳下去，那就跟着他跳，一定有钱可赚。
>
> ——伏尔泰

> 银行这种地方,只有你能够证明你不需要钱,才能从那里借到钱。
>
> ——鲍勃·霍普（Bob Hope）,美国喜剧演员

欧洲和北美整日担心贫困化卷土重来，毕竟这在他们国家的历史以及资本主义的初期留下过印记；我们是被经济增长宠坏了的孩子，而我们的祖先曾为之受尽苦难。马克思在作品中描述了18世纪以来流浪者和无产者背井离乡的现象，还有杰克·伦敦、埃米尔·左拉、查尔斯·狄更斯、

维克多·雨果，他们作品中的主人公也是从老旧的农业互助、农耕生活以及旧欧洲时代下古老的大区中解脱出来的被剥削者。卑微的过往正是恐惧的症结所在。

穷人的四种境地

西方存在四类关于穷人的记忆：在中世纪，穷人被赋予神权，是上帝的信徒，他像个没事儿人一样将一切为自己所用。自文艺复兴起，托钵修会不再可信，要不是可能会遭到最残酷的刑罚，穷人也懒得参与改革。他们游手好闲，"需要被好好修理一番"。[1]他们也不再是上帝的使节，而成为"共和国的败类和渣滓"。时代的进步以及大革命的爆发带来了新的变化：穷人成了起义者，命运的主宰者和国家的奠基者，或是为文学作品所颂扬的、具有反抗精神的无产者。

如今，贫穷则意味着现代化的失败。以前，对富人这个群体存在这样一种普遍认知："每有一个富人，就至少会有500个穷人。"（亚当·斯密）但自从穷人和富人之间杀出了一个中产阶级后，贫穷就成了挫败的同义词。劳苦大众的生活有些可悲，在西方国家，即便受到国家和上帝的庇护，他们的生活境况也无法与19世纪时相比。如果说先前穷人依靠进步的弥赛亚主义还有可能被救赎，那么现在，穷人沦为了繁荣浪潮席卷过后的残余势力。固守贫穷实则反映了精神上的痼疾。贫穷是社会福利、人道主义组织和相关机构在年复一年的检查中决意铲除的。尽管随着市场扩张，世界各地的赤贫情况已经有所改善，但是改变下层人民的生活条件仍是一个短时

---

1 参见Jean Delumeau, *La peur en Occident*, Fayard, 1978, p. 533。

间内无法完成的任务。很有可能，我们永远无法看到贫穷这一现象被彻底清除，个中缘由与数学相关——即便穷人的生活水平有所提高，他们与富人之间的差距仍是巨大的，毕竟后者的收入也在不断上涨。19世纪，我们用"肥肉和瘦肉"分别来指代有产者和无产者。肥胖的腹部、圆鼓鼓的腮帮曾是财富的象征，如今却被用来形容遭到垃圾食品诅咒的穷人，他们忍受着肥胖的痛苦，富人则苦恼于如何保持苗条的身材。到头来，人口的增长、医学的进步都自然而然导致了有越来越多的人要去养活，也使得问题变得难以解决。

为解决这个问题，人们曾提出了许多不同的解决方案：提供免息或者是近乎免息的贷款；提供获取房产以及金融机构支持的快捷通道，这远比不择手段的放高利贷者来得靠谱[1]；鼓励妇女工作（赫尔南多·德·索托［Hernando de Soto］)[2]；推广男女平等的教育；向贫困家庭儿童发放学习津贴；设置负责入学、接种疫苗以及交通的机构，正如发达国家的政府已然施行的一样。[3]不过我们仍然有可能错误地将贫穷视为经济问题，就贫穷最初的意思而言，有一类人是被排除在外的，于他们而言，从事再辛苦的工作也只能维持生计。同样地，还有一类人，借用海德格尔的术语来说他们"贫乏于世"，即缺乏门路，既不认识有权势的人，也没有人认识他，自知被贬黜到现今的位置上，但无法做出改变，不得不永久地将自己的雄心壮志斩断。由此说来，许多所谓的发展中国家，尽管财政吃紧，还是搭建了丰富的社交圈，构建了互助网络，确保没有人被遗漏。贫穷

---

1 参见Niall Ferguson, *L'irrésistible ascension de l'argent, op. cit.*, pp. 21-22。
2 关于财产的双重性以及妇女工作的重要性，可具体参见Niall Ferguson, *L'irrésistible ascension de l'argent*, ibid., pp. 258-259。
3 这是Abhijit Banerjee和Esther Duflo在 *Repenser la pauvreté*（Seuil, 2012）一书中提出的解决办法。

具有象征意义,若借用亚里士多德修辞学(经过阿马蒂亚·森的再次阐释)中的说法,这是对权利的剥夺。若所有人都身陷穷困的囹圄,那就没有必要觊觎别人拥有的东西,因为他们像我一样,什么都没有。

同样地,将贫穷和富有这两个概念对立开来是有些草率的。区别和变化是无常的,这点连数据学也无法分辨。中产阶级是介于不幸与富足之间的社会学盾牌,它的出现钝化了贫穷和富有之间的对峙。中产阶级自立门户,显得开放又宽容,构成民主的重心。亚里士多德和弥尔顿都称赞中产阶级所扮演的调停角色,他们有效防止了世界被分割成两个相互仇视的、敌对的社会等级。如果中产阶级消失的话,那政治制度以及欧洲独有的法律与经济相融合的体系也将走向尽头(在美国,陷入贫困的中产阶级已然不再是民主和经济的中流砥柱)。三角结构让我们摆脱了善恶二元论,就像炼狱的出现打破了地狱和天堂的对立,中产阶级的出现将我们从富人和穷人之间的敌对中拯救出来。对于我们中的很多人而言,不确定性仍在起主导作用。人们并不会因为挣得少而自怨自艾,也不会因薪水较高而自我满足。就像阿里斯托芬所说,困境是必不可少的。如果所有的东西一下子就给我们了,那就没有人愿意发挥自己的聪明才智了。有些东西会让我们付出代价,这没什么不好。自此,金钱成为完美人性的喻体,带领我们超越自我。

反常的理想化

当今,在欧洲以及美国,一种激进的新型贫困自称福祉,再次博得了大众的眼球。当贫困无法被消除时,人们转而开始谋求其价值。这种标榜自己失败的方式很有法国特色,那就是将失业、迟缓的增长视为模范，并推荐给他人。没有什么比某些教条主义者对贫困进行颂扬来得反常了，仿佛贫困成了崇高的美德。有一类是出于生活习惯或精神追求的原因选择节俭，还有一类则是将干瘪的雄心壮志强加在所有人身上。贫穷具有能动性，用生活的乐趣和微笑对自己加以粉饰，实际上，它表露出的失落与无助已在一些遭受危机的欧洲城市弥漫开来。

在政治经济学致力于让更多人过上体面生活的时候，有一批全新的激进思想流派则想让穷人大规模地繁衍。乔纳森·克拉里（Jonathan Crary）是一名艺术批评家和大学教授，他认为，资本主义的时间性具有破坏力，是造成失眠和压力的因素之一。乔纳森·克拉里建议人们"拒绝富人文化中的毁灭性，抵抗所有关乎物质财富的图形及幻象带来的毒害。对父母而言，这就意味着不要对孩子的职业生涯寄予不切实际的希望，而是反过来给孩子们提供一个宜居又共享的愿景"[1]。因此，我们应从小教育他们学会舍弃，打破对光鲜职业的向往，没有必要去获得一纸文凭。野心即罪过，也应将晋升的欲望连根拔起。这一讨论让我们想起夏尔·佩吉（Charles Péguy）的话，他怀念过去的窘迫，那时人们"生活贫穷缺乏保障……一间陋室就是一处避风港。是神圣的"[2]。现代社会像疯了似的，将人们驱赶到贫困之中。斯图亚特·穆勒曾经说过："19世纪时，理想的状态便是没有穷人，没有谁渴望变得富有，也不用担心会被奋力冲向前去的人们挤下去。"[3]人类的历史应停下前进的脚步，进入一个稳定的阶段，没有丝毫的纷扰。任何一个想往上

---

[1] Jonathan Crary, entretien dans *Libération*, 21-22 juin 2014.
[2] Charles Péguy, *L'argent, op. cit.*
[3] Stuart Mill, *Principles of Political Economy* (1886), 引自 Robert et Edward Skidelsky, *How Much Is Enough?, op. cit.*, p. 54。

爬的人都冒着摔下深渊的风险。

然而，我们忽视了一点，穷人也只是想多少有点小钱，完全没必要为此感到羞愧，[1]可以舒舒服服地生活，躺在用玫瑰花铺出的床铺上，而不是遍布荆棘的地面，没必要像苦行僧似的生活。将穷人追捧到近乎神的地位，实则是将他们再次禁锢到所处的环境之中，又为他们创造出伊甸园的假象。比如说，人权国家咨询委员会想将一项轻微罪，即歧视贫困地区写进《刑法》。[2]这一举措等于创造出了一种新型的舆论犯罪，是另一种形式的思想警察。要是对被排斥在外的群体恶语相加，就有可能遭遇诉讼，这算是政治正确的再一次扩张，将新兴阶层中的一个又一个人禁锢在原地，但是言语上的尊重也是另一种不与这个现象斗争的方式。

在左派的道义中，惩罚权贵是一种逃避责任的方式，因为不用去思考如何将数百万人从疾病、饥荒以及危险的境地中解救出来。[3]辱骂富人在他们看来是政策需要，掠夺富人的财富好过于让穷人发财；教导穷人学会牺牲，告诉他们改变命运的想法是愚蠢的。2014年8月，弗朗西斯教皇在访问韩国期间就抨击了物质主义以及资本主义，而梵蒂冈始终保持着与文艺复兴时代的宫殿相衬的奢华排场，可见教皇弄错了抨击对象。对金钱的疯狂追逐也许是徒劳无果的，但是这场追逐不是唯利益至上的，而是具有空想主义色彩的，

---

1 参照 Yvonne Quilès, « Le rêve des pauvres »，引自A. Spire (sous la dir. de), *L'argent, op. cit.*, p. 167。
2 这是由人权咨询委员会和法国第四协会主席克里斯缇娜·拉泽尔热（Christine Lazerges）提出的，参照Jean-Christophe Sarrot, Bruno Tardieu et Marie-France Zimmer. *En finir avec les idées fausses sur les pauvres et la pauvreté*, ATD Quart Monde/ L'Atelier, 2015, p. 214。
3 根据联合国的统计数据，在过去的三十年里，世界极度贫穷人口，也就是说日收入少于1.25美元的人，在1990年所占比例为47%，到2010年降为22%。在《千年发展目标中》，联合国就表明希望到2030年能够彻底铲除极度贫困。这将是一项全球性的计划，涉及所有与贫穷相连带的因素，像是健康、食物、农工业生产、消费以及金融管理。

这就是为什么说它是危险的——在所有的认知中，挣钱是无止境的。将爱财视作"数量上的盲目"并没有揭示真正的危险，那就是贫穷自身是物质主义至上的，将我们框在欲望、饥饿、住房和穿着设置出的令人羞耻的架构中。正是在这些东西匮乏的时候，金钱开始在我们的生活中占据统治地位，对我们进行残酷的压迫。

与暴发户不相符的伟大

近二十年来，印度、中国、巴西以及一些非洲国家（尼日利亚、加纳、贝宁、南非）纷纷从贫苦中解放出来，其中一些国家的财富甚至可与欧洲以及美国相比肩，这点让人赞叹。亚洲四小龙亦如此。通过辛勤劳作以及经济发展的带动，数十亿人的命运发生了极大的改变。欧洲以外的国家曾被称为第三世界，现在那里的百姓也不再故步自封，而是成为命运的主人。

令人惊讶的是，他们的聪明和勤劳促使每个人都努力地施展拳脚，即便出身贫穷（像纳伦德拉·莫迪从卖茶叶的小商贩成为印度的总理）。为什么近两个世纪以来外籍侨民能给当代历史添上浓墨重彩的一笔？其一是因为他们割断了与过去的联结，努力追寻更好的生活。（当然不能忽略人口迁移所带来的诸多压力，同时也要将合法移民，即对接收国而言有用的人才与大批涌入的难民区分开来，后者可以短期停留，长居则有些困难。）"就精神层面而言，我们所有人都是移民。"[1]记者沃尔特·李普曼（Walter Lippmann）曾在1914年如是说。他很欣赏最初到达美洲大陆的人们的坚强与勇

---

[1] Walter Lippmann, *Drift and Mastery*, Mitchell Kennerley, 1914, p. XVI. 引自 Richard Sennett, *Le travail sans qualités*, Albin Michel, 2000, p. 169。

气，这群人也曾为探索未知的前程而焦虑，为逃离自己的原生环境而不安。

还没有谈到内部移民，这多关于新晋富豪，他们的到来搅乱了权贵间的心照不宣。在成功人士的故事中，来自不同国家、不同社会阶层的人们讲述各自的历程，阐述自己闪亮的观点，或回忆为了摆脱贫困所付出的努力。从中我们可以看到，每个人的经历都是独一无二的。一个出生于贫民窟或是犹太区的孩子若是想要爬上社会的顶层，需付出的努力远超出社会学研究的想象。这样的闯入就像一台机器，推翻了命运的安排。同样也不要忘记某些群体所做出的重大突破，像是印度的古吉拉特邦，它有6300万的人口，通过设立工会制度以及工会体系，创造出了一个世界性的商业系统，不论是在本土还是亚洲、美国和非洲都获得了成功，还控制了安特卫普四分之三的钻石切割工业。[1]

19世纪伟大的小说家，比如左拉、特罗洛普（Trollope）、巴尔扎克、莫泊桑、维克多·雨果还有亨利·詹姆斯，都在讲述同一个故事：人们不再固守于自己所处的阶级，到处都是财富的比拼，粗俗的投机者、乔装成贵族的骗子、穿着衬裙的拉斯蒂涅，他们的社会地位得到迅猛提升。社会上，两种人越来越多，一个是野心家，另一个是暴发户。这也激发了作家的创作兴致。第一类人既滑稽又叫人可怜，他们有意无意地显露出象征成功的外在符号，像是乡村别墅、船只、汽车，渴望社会认可他的社会地位。他们矫揉造作而非简单朴素，并在公共场合肆意张扬，这无疑暴露了他们身为平民对融入上流社会的急不可耐。现在和从前一样，既有有钱的人，也

---

[1] 参见《 The Gujarati Way. Secrets of the world's best business people 》, *The Economist*, 19 décembre 2015。

有人就是钱本身：前者通过冒险来挣钱，后者则保持着自身的风度，接受教育，享受祖祖辈辈积攒下来的财富为他们带来的一切。他们是钱本身，却从来不谈论金钱，也不炫富，只是以一名有教养者的方式去享受财富。暴发户从天而降，身份地位更是悬而未决，就像是在语法层面还未从avoir 转变到être[1]。在阶级爬升的尝试中，他们屡屡犯下品位、语言以及服装上的差错，不得不去学习如何成为一名有钱人。有时他们会花上数十年的时间去融入上流社会，了解上流人物的行为习惯。暴发户持有银行账户，却缺乏历史底蕴和智慧，不了解与其所处高位相衬的规范准则。他们不属于任何一个世系，也急切想知道外人将他们划入哪一类。在上层社会，他显得扎眼，对庸俗华丽的事物有着独特的偏好，也就暴露出卑微的出身，像是有着数十亿身价的运动员，将体育场和衣帽间的氛围带到任何一个地方，甚至是会客厅。

近一个世纪以来，专属于欧洲以及北美的特色，已被推广到了四大洲。秩序的混乱、标签的多样化乃至模糊不清都表明统治阶层在区分良莠时遇到了困难。在全球化背景下，这样的芜杂达到了前所未有的程度。在亚洲、非洲、美洲以及俄罗斯，到处都有数百万人取得了成功，也急于得到认可。在模仿的同时，他们创造出了独有的风度、礼仪、风俗以及谈吐。当然，这存在双重风险：他们可能会背弃所属的根基或是在习俗上用力过猛，就像是一个穿上了节日的盛装却成了极力彰显主人身份的用人。无论说什么或是做什么，他们都缺乏生来高贵的人所具有的随意与放松。但要是没有这些平民，就没有社会流动，要是没有他们对社会准则的暗中破坏，就没有变革与进步。他们的粗俗促成了新兴事物的产生。他们的笨

---

[1] avoir和être为法语的两个动词，avoir表示有、拥有；être表示是、处在……状态。

拙中蕴含着奇妙的能量。通过对上流人物的粗劣模仿，他们不知不觉地创造了一种全新的文化。侵略者也是创造者，到处都是这样。巴基斯坦作家莫欣·哈米德（Mohsin Hamid）在一本关于个人发展的书中就问道："如何在崛起的亚洲赚取不义之财？"[1]对细微的社会变化、阶级进步、可疑人物以及荒谬又合乎情理的憧憬表现出了一种高度的敏感，这正是文学的奇妙所在。

不管年景如何，居民们都抱着对收入上涨的期盼，从未沮丧过。不管富人怎样填满自己的口袋（当然风险与收入是成正比的），人们只求普通百姓越过越好。若没有这个保障，社会差距将变得难以容忍，一部分人享有的特权会让大多数人不满。民主的生命力可以通过平民阶层或者是中产阶级中实现阶级晋升的人数这一指标来衡量。由此看来，作为"失业结构性选择"（让·梯若尔［Jean Tirole］）的受害者，法国只是缺乏生命力。

奥马哈的皮提亚[2]

左拉在小说《金钱》（*L'Argent*，1891）中刻画了一位家财万贯的阿马鸠（Amadieu）先生，"红润的面孔刮得光光的"，"以完全是一种专碰运气的人的顽固态度"。[3]他在矿场股票的价格跌入谷底时，将所有财产投入其中。没想到矿脉确实存在且数量可观，他从中一下子赚了1500万。"从前可能使别人把他关进疯人院的愚蠢举动，现在

---

1 Mohsin Hamid, *Comment s'en mettre pleins les poches en Asie mutante*, Grasset, 2014.
2 皮提亚，古希腊传达神谕的女祭司。——译注
3 译文摘自左拉：《金钱》，金满城译，北京：人民文学出版社，1980年，第2页。

却把他抬高到具有了不起的金融头脑的人物的地位。"[1]人们从各地跑来向他咨询。对每个提问，他都只是做出一个鬼脸，指望他给出答案的人只能自己去解读他的沉默。这一充满天赋的举动为他带来无限的光荣，他选择端出皮提亚的姿态：低声咕哝和保持沉默。

现实好像在模仿文学作品中的情节。在格莱德基金会发起的付费午餐中就出现了类似的情况。这家机构获得了亿万富翁沃伦·巴菲特的支持。巴菲特已近九十岁了，出生于奥马哈市（内布拉斯加州）。[2] 2014年，与这位著名的投资家共进午餐的机会以一个适中的价格卖出——234万美元（2000年，第一次拍卖以2.5万美元成交）。当然，这与左拉书中人物也存在明显不同，因为沃伦·巴菲特是一名著名的金融家，他的情报可比金子值钱。和他同桌吃饭可能会带来丰厚的回报，他简简单单露个面也是转运的保证。但是，难道其中没有魔法因素在起作用吗？十五年前，《华尔街日报》报道说，同样的有价证券，是由一家知名的事务所打理，还是被日报编辑投飞镖似的随意玩玩，12个月后都会获得差不多同样的收益。

那么金融分析师是干什么的？他们的工作是将随机变量合理化，让它看起来符合逻辑。他们当中的很多人其实对投放到市场的衍生商品一无所知，但却用佶屈聱牙的专业术语说服了一个个的傻瓜。他们使用的数学模型实属手相术。看看，那些商人、大老板因各种原因腾不出时间

---

[1] 译文摘自左拉：《金钱》，金满城译，北京：人民文学出版社，1980年，第2页。
[2] 参见 Stéphane Lauer, « Les chers déjeuners avec Warren Buffett », *Le Monde*, 10 juin 2015.

去吃这么一顿天价午餐,是多么愚蠢。经济与权威话语是分割不开的,说话的艺术就在于既不说是,也不说不是,什么都不说清楚,但又不否认,每句话都渗透出朦胧的救世色彩。圣·奥古斯丁(Saint Augustine)认为神圣的言语总含有难以言明的寓意,谁都无法自夸可以将之阐释清楚。难道沃伦·巴菲特的宾客也不得不去阐释主人讲话时的节拍、咀嚼时发出的声音、餐厅里的喧哗声、推杯换盏的碰撞声?若真有这样的才能倒也让人佩服。不禁联想到美国联邦储备委员会前主席艾伦·格林斯潘(Alan Greenspan)在接受采访时说过的话:"如果你们已经理解了我刚刚讲过的话,那就表明我说得很糟糕。"[1]

财富是多样的

财富是两个阶段的冒险:首先得挣钱,之后再衬得上它。以纯洁或是禁欲主义为借口来指责财富是远远不够的。财富不仅意味着享有特权,更是责任所在。黑格尔曾说过:"统治阶级应该通过特定意图来实现理性的胜利。"[2] 精英分子是"偶然所造就的,也可被瓦解",肩负着超出自身能力范围的使命,却对此一无所知。如果说历史是"贵族阶级的坟墓"(帕雷托[Pareto]),这是因为他们中的很多人因顽钝固执而丧命,行事作为极其自私,从未考虑过外人的利益。金钱带来的权力也意味着责任,正如希腊人所认为的那

---

[1] 这句话最初出自让-吕克·戈达尔(Jean. Luc Godard)之口。
[2] Hegel, *La Raison dans l'Histoire*, UGE, 10/18, 1965, p. 113.

样，责任是关心、善良以及公正的总和，是建立公共世界唯一需要付出的代价。

有必要保留"prospérité"[1]一词的复数形式，而不单单把它和收入联系到一起。对于令人向往的生活艺术，无论何时都要保持它的竞争力，而对于主流道德，有必要批判它的单调乏味。我们可以是流浪的国王，尽管拥有的东西很少，却依旧幸福，因为能够从有限的事物中获得无限的乐趣；也可以是一个光着身子的百万富翁，除了钱，什么都没有。财富是对所有具有象征意义的事物的征服，精神、物质、金钱、美学或是自然，这些始终都是对立存在的。因为明码标价的物品，像是大师的画作、高档汽车、珍贵家具、赛马、游艇、贵族学校等都非常人力所能及。新生代拥有一种可怕的能力，他们让刚才所提到的一切变得不再流行，并将社会的集体欲望导向别处。斗富没有意义，还可能因为滥竽充数而吃亏。应该去尝试不一样的事物。20世纪60年代和超现实主义的奇迹创造出新的集体欲望，让灵魂和身体享受从未有过的快感。发明新奇的事物，自由恋爱、严肃娱乐、交换想法和知识、散步、阅读思想巨作带来的喜悦以及日常打扮的意义，这些都是伟大的艺术（也是卢梭在《漫步者的遐想》中做出的选择；贵族式奢华的敌人在某种程度上决定了我们这个时代的敌人就是物质享乐）。"美学起义"[2]站在主流信条的对立面，将大众的目光转移到新型财富的源头：重新发现沉思与自然的美丽，再寻街头巷尾的诗歌，再现日常生活的优雅。擦亮我们的双眼，发现他者看不到的东西，发现平淡之下的可贵，普通之下的惊奇。

---

1 prospérité，其单数形式意为繁荣、昌盛，复数形式意为幸福时刻。——译注
2 美学起义是从文学、艺术等层面颠覆社会的主流观点，即对物质享乐的过度重视。——译注

实际上，我们活得很肤浅。有吃有住，还有钱花，以及对生理需要的简单满足成为一个诅咒。人们可以为欲望买单，但不愿为责任付出。在大萧条时期，美国历史学家就注意到，一些普通人家更喜欢购买奶酪和香烟，而不是日常的食物；有一个纽约人差点任由自己饿死，就为了能用救济金去烫个头，去买染发用的洗发水。[1]这一态度反常吗？可能是的，但也表明，人们一直都没有节制，不满足于简单的续命。

需要一次道德改革

财富有两层含义，它是某些人独有的特权，也是向所有人做出的承诺。费利克斯·罗哈廷（Felix Rohatyn）曾说过："只有资本家才能杀死资本主义。"他曾是一名银行家，并在20世纪70年代，带领纽约摆脱了破产危机。不妨补充一下，只有极少数精明的资本家才能拯救资本主义，比如说从内部摧毁市场经济。关于此，我在1990年的时候就曾写过，既然市场经济不再受到来自势均力敌的对手的威胁[2]，那么它很有可能在完胜苏维埃体系后轰然倒塌。资本主义从来都不是剥削民脂民膏的借口。即便"资本主义"这个概念是横空出世的，并不是有了这个概念之后，才有了市场、消费、等级观念等，后者早在"资本主义"概念出现之前，就已经存在了。[3]资本主义制度首先是一台创造财富的机器。资本主义还需做的便是实现自身所包含的种种可能：建立起合法收入的概念，达成劳动付出和主观能动性的成果，实现向底层民众做出的承诺，即他们将"摆

---

1 Viviana A. Zelizer, *La signification sociale de l'argent*, op. cit., p. 293.
2 Pascal Bruckner, *La mélancolie démocratique*, Seuil, 1990.
3 参见Fernand Braudel, *La dynamique du capitalisme*, Flammarion, 1988, pp. 70-71。

脱底层生活"[1]。随着金融从经济财富中剥离出来，取得胜利，并为具有掠夺性的富豪寡头政治[2]所用，资本主义也随之进入转型期。显而易见，资本主义只有依靠民主政体才得以存活，尽管民主政体会无情地揭露它的弱点，曝光它的丑闻。

我们已经摆脱了资本主义制度拥有超能力的幻觉，而它消亡的消息一直被延迟宣告，因而到现在还在苟延残喘。2008年的经济危机并没能将其击垮。横亘在面前的挑战是如何将这一有悖道德的制度所蕴含的力量造福大众。康德（Kant）曾说过，最好的国家是会迫使最初自私自利、充满敌意的人们为了共同的利益开展合作的。[3]

在20世纪80年代的金融改革以及2008年的经济危机之后，我们经历了冗杂的重建工作。在现世的混乱中采取了一系列措施对国家及各省、公众及个人的角色进行了重新评估：将商业银行与投资银行区分开来，并针对偷税漏税展开全球性的打击，设置股市监管机制，取缔逃税天堂，筹划限制高收入者收入的计划，并对奖金以及黄金降落伞[4]进行管制，对存在欺诈行为的银行机构处以高额罚金。一项工程浩大的整顿工作正在全球经济范围内落实，但是还不确定其是否行之有效。[5]一些银行将糟糕的股票以数十亿美元的价格出售给美国纳税人，又不知廉耻地接受了后者的接济。我们可以制定具

1　Fernand Braudel, *La dynamique du capitalisme*, Flammarion, 1988, p.64.
2　Robert et Edward Skidelsky, *How Much Is Enough ?, op. cit.*, p. 181.
3　Emmanuel Kant, *Projet de paix perpétuelle*, Vrin, 1988, pp. 44-45.
4　黄金降落伞（parachute doré）是一种补偿协议，规定由于遣散、重组、合并或是主动离职等原因造成公司高层管理人员离开时，公司应对其予以赔偿。——译注
5　有一些例子：自2015年起，逃税在瑞士就属于刑事犯罪，银行的机密也只能保留到2017年，届时将落实国家间银行数据的自动交换。法国经济学家加布里埃尔·祖克曼（Gabriel Zucman）在2013年由瑟伊出版社出版的《消逝的国家财富》（*La richesse cachée des nations*）一书中就建议将全球所有的金融机构登记在册，就像不动产登记簿一样。对所有以他们受益者的名义开展的股份和债券流通加以管制。

有强制性的法律，惩罚违法之人，将他们扔进监狱，提高高收入者的纳税比例，然而毫无疑问的是，我们还需要一次道德改革。当然就目前而言，这还未实现。独占鳌头的市场经济亟需为自己设置一个调整机制，为金钱寻找新的用途，使其更为开化（就像它教化我们一样）又不会失去其本身的流通性，根据功绩和忠心对金钱进行分配，这些都是我们现在所面临的挑战。

如果资本主义摧毁了我们相信其存在具有必然性的前提条件，也就是说，给予我们以自由以及优渥生活的这一承诺始终没有实现，那么资本主义将失去将其带上权力舞台的阶级基础。所以应该以它曾向我们许下的却未实现的承诺为筹码去批评它，而不是任其在以巧取豪夺为主导的意识形态中沉沦。在西方，资本主义需要穿上紧身衣，由道德警察引导，为大众谋福利。不管我们愿意与否，解决当下危机的良药很有可能是回归到最本初的禁欲主义，重回对艺术品、收益良好的投资以及通过正当渠道获取金钱利益的推崇中，但并不是非得穿上牧师的黑袍，也无须在道德品行上重新做回维多利亚时代的清教徒。身体与欲望的解放取得了不可逆转的胜利，至少在文明开化的国家是这样。但是对努力、节制、端庄、忠诚等品质的尊重仍是必须的，如此才得以抵抗赌场经济和纸醉金迷式的狂欢。过去的二十年里，印度和中国像两个进击的巨人，以稳健的步伐创造出了巨大财富。输赢的关键在于这两个国家如何对财富进行再分配。公共权力保证所有人得以进入市场，获得信贷，与此同时，也会监管银行活动，将金钱视为公共利益予以细致的呵护（阿格列塔和奥尔良［Aglietta et Orléan］）。[1]对于公众而言，这和获得医疗保障同样重要。帮助穷人，就是向他们敞开金融机构以及高

---

[1] Michel Aglietta et André Orléan, *La monnnaie : entre violence et confiance, op. cit.*

效网络的大门，避免他们掉入高利贷的魔爪中。[1]

资本主义为公众所接受的时候远少于它平稳运行的时候。随着资本主义势力范围的扩大，有必要去习惯其所采取的具有破坏性的甚至是粗暴的举动，所有的举措都是为了更好地对蛋糕进行再切分。人们攻击资本主义不是因为它的糟糕程度，而是因为目前竞技场上只有它一个，不存在一个可以完全取代它的统治的对手。

价值还是价格？

有人说，金钱会糟蹋最为圣洁的东西，不管质量如何，还会将价格和价值这两个概念混淆起来。然而价值有几层意思，它关乎道德、宗教还有经济，而价格有且只有一层意思。因而，将这两个概念视作正反两面对立开来是很荒谬的。价格是价值以一种特定的方式出现在我们面前。个人存在的主观情感与社会做出的经济评估之间存在着差别。事实是，人就像资本，随着年纪增长，不断贬值，即便如此，个人对自身存在的喜爱与肯定不仅不会有任何削减，反而还会随着寿命的缩短，越发珍贵。我们不满市场量化了人类生命的价值，在发生事故或是亲人离去的情况下，微乎其微的补偿让人愤怒。赔偿金额从来不会高到哪里去，即便我们叫嚷着就是给上数百万也不能把挚爱的人还给我们。金钱成为逝者的等值符号，它做不到起死回生，只能安慰生者。

---

[1] Niall Ferguson, *L'irrésistible ascension de l'argent, op. cit.*, pp. 20-21.

个体层面，有人会建议他的孩子或是太太在亲人去世后不要光顾着悲伤，要向保险公司索取最大额度的补偿。有时候，人们可以接受被利用，沦为一个纯粹的数字。思考生命的价格实则是在思考一个人的离去，是对幸存者的挂念。"既然我们为了100美元就将您埋葬，那为何还要继续生活？"这是20世纪20年代美国的一句广告词，由此可以看到，活着也就意味着花费金钱，耗费体力，而自杀则结清了账户里的所有款项，让我们如释重负（罗热-保尔·德卢瓦 [Roger-Paul Droit]）[1]。

免费至少有两种形式。一种免费是为吸引注意而采取的策略。有人假装无条件地送给你某件物品，之后却会让你花费更多。就像这句标语所说："如果您不用为一件商品付钱，这是因为您自己就是商品。"一些数字化平台和音乐网站之所以供人免费使用，是因为你的地址紧接着会被用来换钱，还让你成为靶心。现在不再是将产品卖给顾客，而是将顾客卖给广告商。一些毒贩或是商人也采取同样的策略，先送你个小样，一旦让你上瘾，再回过头来把这些卖给你。赠送礼物实则是想让你成为潜在的购买者。另一种免费则是一种政治选择，教育、公共交通、医院，这些服务都有明码标价，只不过由政府来承担费用。所以说，即便是免费的也还是需要花钱的。此外，免费的东西面临很快就会失去其价值：例如，公共汽车和地铁被损坏，医疗系统免去病患需承担的责任，使得他们成为有权

1　Denis Kessler, « Quelle est la valeur économique de la vie humaine », in Roger-Pol Droit (sous la dir. de), *Comment penser l'argent?, op. cit.*, p.321.

享有一切的讨人厌的顾客。

我们宣称投机活动为所有罪恶的来源，实际上，投机活动只是夸大了某个事件、想法或荣誉，不断膨胀，超过极限之后就像气球一样爆炸。我们时时刻刻都被笼罩在投机氛围中，其中就包括了爱情。恋人们在被打回现实生活之前，总是醺醺然的。假设货币停止流通，一瞬间，公共话语或政治家就会失去分量，好像血被从身体中抽干。人们不再费力为之辩解，而是忽视他们。存在就是价值观的持续作战。我们一直在重新评估一些人、物、作品，也对其他的一些嗤之以鼻。有些可以坚持几个世纪不动摇，而其他的则分崩离析，也有可能在某一天被我们的子孙后代重新拾起。现代性是对价值波动起伏的一次震撼性体验。日本人还专门用一个词"wabi-sabi"来形容破损的物品，比如说有缺口的花瓶，以此捕捉到旧物身上的凄美。商品层面所失去的就在感情层面弥补上来。

怀旧的人说，价值消逝了。但是价值一直以来都是缺失的，除了作为缺席本身，作为一种需要世世代代来捍卫的修正性的思想形式，它从未存在过。价值是偶然间造就的，而非必然注定产生的。除了贪婪和腐败，懒惰和妥协也扼杀了自由、坚强、批判精神这些最为我们珍惜的品质。当亲人陷入危险，当祖国被侵占，当家庭受到威胁，我们应该进入到另一种状态中，发挥才干，主动奉献。摆在首位的东西是无价的，我们也愿意为此付出生命。

第十章

索取的手，回报的手

> 米拉波为了钱，什么事都做得出来，哪怕是个善举。
>
> ——里瓦罗尔（Rivarol）

2009年11月15日，Mailorama[1]网站想做一次市场营销，宣称会在埃菲尔铁塔下分发总计40000欧的小面值纸币。现场聚集了差不多7000人，而后主办方出于安全考虑，将活动取消，但保证会把所有的钱捐赠给"法国民间救援队"。活动现场多是来自郊区的年轻人，他们对此大为光火，把怒气撒到警察头上，打伤了一名摄影师，更是在这个街区又打又砸又抢。没什么能比这则故事更好地表明赠予也能让人大动肝火，一

---

1 Mailorama为法国的购物网站。——译注

时的轻率疏忽也算是挑衅，先是打出"免费拿钱"的噱头，之后出尔反尔，就像是从饥肠辘辘的人们口中夺走大量的吗哪[1]。这让人想起旧制度下的节日，像是在生日、加冕或王权显贵结婚的时候，贵族们会往下层民众中扔下一把埃居，几个金币，宴会剩下的火鸡、香肠、面包、蛋糕之类的残羹冷炙，然后听那些可怜的人们呼喊"国王万岁"，确认他们别无二心。[2]

募捐与救济

在天主教和英国国教中，做弥撒时候的募捐是一个特殊时刻：每个人掏掏口袋，小心谨慎地履行自己的义务，心里明白如果不这样做的话，就说明自己很小气。这个仪式有一个特点，只收取小数额的钱。有两种不同的募捐箱：一种是开放式的，另一种是半封闭式的。第一种募捐箱，钱掉进去会发出叮叮声响，和不同面额的钱混在一起。募捐者让箱子叮当作响，就像乞丐晃动手中的碗钵，提醒每一位教民铭记自己的义务。想象一下，教堂司事或是唱诗班的孩子们事后一个子儿一个子儿地数着，微薄的收入会让他们沮丧。另一个募捐箱则精致许多，多用于规模较大的场合，比如婚礼、下葬、圣餐仪式。箱子上雕有好看的图案，盖有一块白布，白布的作用就是让钞票停留片刻，以表明捐赠者的慷慨大方，这样信徒之间会暗暗较劲：可不能捐得比邻座少。慷慨的人会为自己的奉献感到自豪，而守财奴则庆幸自己的捐款得以藏在不同面值大小的钱币之间。捐款的总额逃过了外人的双眼，小心地躲藏在盖布的褶皱间，

---

1 吗哪指《圣经》故事中的一种天降食物。——译注
2 参见Jean Starobinski, *Largesse*, Gallimard, 2007, pp. 181-182。

谁都无法猜到一天的收获有多少。

乞丐不再伸出手掌乞讨，一切都变了。在大城市里，乞讨是对良心的日常征税，同时也是有着区域划分的市场，各区域有自己的领地和人行道（关于此，来自中欧的吉普赛人在巴黎表现出了杰出的领导才能）。无家可归的人站在街角或大楼脚下，在地铁车厢里闲逛，哼唱着对生活的抱怨，为打扰到我们的生活感到抱歉，祈求我们发发善心。要是只有这一类乞丐就好了。但是有另一群效仿前者的乞丐同样值得我们注意。他们兜售自己的贫穷，在地铁站之间或是咖啡馆的露天座位旁，通过简短的哭诉给人留下深刻的印象。要引起别人的注意，但又不会让人厌烦。不能做得过火，过度的放松和极度戏剧化的夸张一样有害。还有一种对贫穷的拙劣模仿，有些卑鄙小人的贫苦完全是装出来的。这样的话，我们还会对贫穷的各种表现有所回应吗？

一天中会有许多次形形色色的人接近我们，他们的表演让人喘不过气。为什么施舍给这个人而非同样贫穷的另外一个呢？一些人让我们生厌，还有一些让人感动，而这可能是因为他的语调，或是孱弱的身板。人们会抵触一个发臭的、恣睢的、衣着破烂的人，却无法招架满脸写着无尽痛苦的人。他们愤怒地盯着我们，像是在问："你为我们做了什么？你怎么可以只操心自己的事，而我就快死在你旁边了？"

起先我们抱怨社会制度，为何允许这样的破败存在。国家为此做了什么？百姓通过捐款来施以援手，尽管清楚这一举动是多么微不足道。帮助这些穷人需要更多，而不仅仅是1欧元。我们的捐助不只是为他们提供一份三明治、一杯咖啡，而是想要帮助他们摆脱悲惨的命运。也许有一天，命运转而对我们不利，到时我们就和他们一样，身处镜子的另一边。我们扔在乞丐掌心的钱币都是一种救

第十章　索取的手，回报的手　　217

赎，祈祷厄运不要落到自己身上。布施也是在讨好上帝，如圣·奥古斯丁所言，恩惠是富人在上帝身上的投资，他们有大笔的预期收益来弥补这不起眼的损失。[1]

让人羞愧的是，我们有时会希望街上的所有乞丐都被驱赶出去，就像是在文艺复兴时期，清点"不被承认者"（也就是无家可归的人，他们被认为是潜在的危险分子）一样，将他们关起来，逼迫他们去做苦力，不然的话就处以最严厉的处罚，像是烙刑、殴打和鞭笞[2]。曾经有段时间，贫苦只会与异国他乡产生关联，是偏远国家或是在过往世纪才会遭受的诅咒。然而，在经济危机和人口迁移的作用下，贫穷再次在街道上、社区里出现，制造出真正的"圣迹区"[3]。到头来，被驱逐者和我们之间并不存在巨大的鸿沟，距离之近让人惊慌。慷慨遵循的是随机原则，它是自由的，也是任性的。在经历感情的波动之后往往都会变得坚强。我们在心理层面进行隔离，若无其事地走入到穷苦百姓之中，直到最后看到一位孱弱的老人躺在路边时，心碎成一片一片。撒兰特拉比（Israël Salanter，1810—1883）曾说过："他者的物质需求就是我的精神需求。"我们有房可住，有谋生的工作，然而这些可怜的人却露宿街头。一份微不足道的捐款可以减去一丝痛苦。但是不管我们做什么，都是不够的。因为施舍本身是狡诈的，以一种冷冰冰的方式完成的施舍有可能破坏捐赠者和受益人之间的关系。哲学家雅克·埃吕尔（Jaques Ellul）不就说过，施舍是对财富的糟蹋，通过这一举动"和撒旦作

---

1 Saint Augustin, *La Cité de Dieu, op. cit.*, pp. 46-47.
2 参见Jean Delumeau, *La peur en Occident, op. cit.*, pp. 534-537。
3 圣迹区是位于巴黎的贫民窟，聚集了来自偏远地区的移民，其中的大多数都是失业状态。——译注

对"[1]。有时施舍源自对他者的鄙视，而不是同情。可能发生的最糟糕的情况就是一个乞丐发自内心地向我们表示感谢，而我们什么都没有给他。这是一种近乎辱骂的礼貌。他的和善倒像一种伪装，将我们杀死。

小费和赠予

所谓的"不用找零"就是将小额的硬币或纸币随意地扔在餐馆的桌子上，或是留给出租车司机、送货员，这意味着酒保的细致工作、司机的热情都值得明码标价之外的奖赏。若从商业目的中跳脱出来，一个人向另一个人的赠予完全是合法的。因此，在美国，顾客一踏进店门，服务员就表现出极大的热情，因为小费是收入的极大组成部分，不然的话，薪酬就少得可怜。在很多国家，餐馆的账单都放在黑色皮质的盒子里送给顾客，好像要告知一个噩耗——这是为了减轻账单带来的冲击，确保其私密性。也有一些职业，像是剧院的引座员，观众的小费是其唯一的收入来源，由此小费不再是随意的，而成为票价的补充。要是什么都不给的话，会被认为是粗鲁无礼的。

小费也面临着大手笔馈赠会带来的中伤他人的风险。人们随心所欲地给酒店的任一工作人员——像是女佣和门房——以小恩小惠，只为留下一个美好回忆。再或者像这位神秘的顾客，2014年，在旧金山，他吃完午饭，也可能是小酌一杯后，在酒吧柜台上放了从500至2000不等的美元。这个轻率之举流露出对被爱的渴望，

---

[1] Jacques Ellul, *L'homme et l'argent*, Presses bibliques universitaires, 1978, p. 144. 引自Ilana Reiss-Schimmel, *La psychanalyse et l'argent, op. cit.*, p. 10。

也有可能是为了表达对其他消费者的蔑视。欧莱雅公司的继承人贝当古（Bettencourt）女士曾经一度痴迷于将自己股权的收益（将近1天100万欧元）送给取悦她的人：比如说给司机100万欧元，这样在自己死后，司机能够继续替她遛狗；或者开了一张50万欧元的支票送给一位她认为很善良的19岁姑娘。此外，根据检察院的调查，她还赠予弗朗索瓦-马里·巴尼耶（François Marie Banier）10亿欧元。在晚年时候，每年给其财产管理人帕特里斯·德·迈斯特（Patrice de Maistre）500万欧元甚至更多，而当时给迈斯特开出的年薪已达200万欧元。对这类行为除了进行道德谴责，又能以什么名义施以惩罚呢？就像盖茨基金会的网站上所做出的解释："被予以丰厚馈赠的人也会面临更多的要求。"

换言之，富有是对穷人的负债。慷慨解囊并不单纯，它创建了一个依附关系，使得受益人从属于赠予人（在德语中礼物意指馈赠和毒药）。在旧制度下的法国，由国王或是王公贵族资助的诗人、剧作家、寓言作家、音乐家和画家，并不可以任由灵感挥洒，恣意地书写。随着著作权的出现（英国早在17世纪就有知识产权的概念，到1777年，博马舍在法国提出相关概念）以及市场和公知的觉醒，艺术家可以靠艺术创作为生，无须顾忌他们的金主。若赠予无法得到回报，那它就会占据主导地位。怎么回报那个因为喜欢您的长相就送给您一堆金子的人呢——迷惑和驯服，这是奢华礼物的作用。

由此看来，圣诞节算是达到了商业狂欢的高潮。与此同时，它又是个让人不安的仪式，需要再次确认相互间的关系。这个节日会让家人间的关系更加亲密或是分崩离析。缤纷的彩带、五彩的包装、扯着嗓子发出的欢笑声，如此种种都展示了绝妙的戏剧艺术。送礼物时，既要创新又得审慎，避免重样，恐怕也只有丢三落四的或是冷漠无情的人才会每年都送同样的礼物。有些人不着急拆礼物，他们明白礼物本身以及送礼物的动机承载着令人无法抗拒的承诺。当然在普遍认知中，普通的礼物意味着你不重要，精美的礼物则需要倾囊而出。对那些将收到的礼物在网上转卖出去的人，或是将你几个月之前送给他的礼物再送给你的冒失鬼，你又能说些什么呢？再或者还有些人只动动嘴皮子表示感谢，认为你送礼物是应该的，你又该拿他们怎么办呢？我们可以选择不过圣诞节，也不庆祝各式的纪念日（当然除了孩子们的生日），这样就省了许多购物的烦心事，更不会让情绪陷入暴躁中，难以抽离。收礼物、送礼物得遵循细枝末节的社会准则，让人疲倦，这时就梦想着暂时中止这样的交流。但是弃权会带来挫败感。社会生活将你牢牢束缚在送礼和不送礼的怪圈中，很难从中摆脱出来。有些礼物毫无用处，让人有负担，像个失礼的客人，扰乱了我们的生活。其他的礼物则会花上数月的时间才找准自己的位置，自此以后便无可取代。若是有谁毫无缘由地为我提供帮助反倒会引起我的怀疑。谁知道这个善举后面藏着什么呢？

赠予应该和餐桌礼仪以及礼节一样被教授。礼物与价格无关，关键在于送礼的动机及美感。不管表现得有多谦恭，礼物就像是送礼人派来的密使，身上镌刻着他的印记。有些人懂得送礼的艺术，表现得恰如其分，他们会跑遍商场店铺去为对方寻找一件精致考究的礼物。并不是所有礼物的价值都是一样的，一些是出于日常礼节，还有的则比较珍贵；也可以说有的礼物人人有份，而有的则是专门赠予亲近的人。一份好的礼物可以拉近双方的距离，让被日常琐碎所折磨的关系再次升温。由此，如果将过于私人的礼物送给不熟识的人，则会平添烦恼；若将一份过于平常的礼物送给亲近的人，又会引起不快。

慷慨也有邪恶的一面，会不停地提醒他人你曾付出过的善意，让对方一直处在欠人情的状态中。但是没什么比帮助更容易被遗忘，一次晚餐邀约、免费的旅行、曾提供的帮助都是会被忘却的。每每想来，会因为欠人情而感到不痛快，甚至会产生仇恨。聪明的人知道如何巧妙地给好友送礼，同时也要感谢他们接受了礼物。表达善意的策略很重要也很简单，如果总是在等待别人的给予，那么是永远不会有回报的。对赠予最好的答谢，就是赠予本身，是给予快乐所带来的喜悦。

因为富裕而受诅咒

在金融、工业领域大把敛财的人、黑手党的头目或是阶级领袖都幻想着有朝一日可以一心向善。一直在索取的手也想予以回赠。正如美国"钢铁大王"安德鲁·卡耐基已然意识到的一样，如果巨额财富无法造福他人，反倒会成为诅咒和痼疾："临死时还留有数百万的财产，那么没有人会为他的离去掉眼泪，更别谈名誉和颂扬了……在巨富中死去是种耻辱。"[1] 这句话有些骇人，也有可能是一位主张革命的社会学家在其中推波助澜。什么都不能留给继承人，哪怕是一丁点儿的财富，或者说国家有必要征收100%的遗产税，在卡耐基看来，这些都是因为财富本该为大家共同所有的，只不过偶然地落在一些人手中。他们只是精明的财富管理者，而不是所有者，因而我们需要将财富归还到真正的持有人手中。社会准许他们创造财富，他们也应将财富回馈给社会[2]，将财富余额归还给公民，

---

[1] Andrew Carnegie, *The Gospel of Wealth and Other Writings, op.cit.*, p. 12.
[2] 1995年，沃尔伦·巴菲特用这句话来表明他对自己出生的这个社会负有责任。参见John Kampfner, *The Rich. From slaves to super yachts*, Little, Brown & Co, 2014, p. 395。

但其中不包括酒鬼和懒鬼。[1]慈善是一项投资，而非施舍。"富人成了穷苦兄弟们的经纪人，以自己高超的才智、管理方面的经验和才能为他们服务，总比让他们自己来好一些。"[2]应该帮助想要自立自强的人，而非无能之人。[3]

以此为借口，老板就有权克扣员工的薪水，强迫他们从事高强度的工作，进而提高公司收益。这就完全变味了。安德鲁·卡耐基信奉"绝对慷慨"。他主张某种为优秀杰出人士所用的共产主义，并推行以造福弱势群体为目的的精英布尔什维克主义，用后代的幸福来补偿劳动者当下的辛劳。卡耐基对自己的力不从心也很无奈，希望有更多的钱，这样就可以在他认为不可或缺的领域中有所作为（除了创建图书馆、基金会以及各类机构之外，他还向美国以及其他地方的教堂捐赠了8000台管风琴，来表明自己的积极性）。[4]倘若知道可以日后行善，那在当下就可以压榨劳动者。慈善是在以其他方式做生意。

埃米尔·左拉书中有个人物——奥维多（Oviedo）王妃，她是个寡妇，丈夫曾是个诈骗犯。她想偿还丈夫通过不正当手段获得的钱财，便倾其所有，把钱财散给穷苦百姓，一个子儿都不剩。她还在纽伊利（Neuilly）建造了"儿童习艺所"，这是专门为孤儿打造的宫殿，奢华程度从大理石和橡木壁板就可见一斑。她想要让这些可怜人睡在丝绸上，还为他们提供了各式珍馐美味，

---

[1] Andrew Carnegie, *The Gospel of Wealth and Other Writings, op. cit.*
[2] *Ibid.*, p. 10.
[3] *Ibid.*, p. 11.
[4] 参见Marc Abélès, *Les nouveaux riches, op. cit.*, pp. 77-78. 卡耐基去世后，仅将1500万美元，也就是其财富的5%，留给了自己的家族。

第十章 索取的手，回报的手

让他们"享受从没有享受过的幸福"[1]。尽管承包商、供应商和仆人会偷工减料,她仍执着于抹掉她丈夫掠夺他人财富的罪过。一心想成为布施恩惠的女王,直到最后的污迹被抹除:赌博赢来的钱"自行消灭,像一股毒水应当消灭一样"[2]。由此可以看出她的计划存在一个模棱两可的地方,她不是出于关爱才为穷苦百姓谋福利,而是出于对坏人的仇恨:"罪恶的泉源是要涸竭的,除此以外它没有别的任务。"[3]

浸信会牧师弗里德里克·盖茨(Frederick T.Gates)被标准石油的创始人约翰-戴维森·洛克菲勒聘用,担任慈善事业的顾问。他曾发表了一个有名的言论:"你们的财富像个雪球一样滚啊滚,最后演变为雪崩。你们散财的速度要快于它积聚的速度。不然的话,它会将你们压垮,包括您、您的孩子还有您孩子的孩子。"[4]旧时,古罗马人就已经有了"分享财富"的理念,多是以向平民施舍面包或是提供娱乐的形式,目的在于维持社会稳定。贵族、元老院元老、议员以及法官会给百姓举办一些排场奢华的活动,像是格斗比赛和宴会,并修建神庙、水渠以及圆形露天竞技场。[5]激烈的竞争使得急切的捐赠者一心想要在人群中脱颖而出,在捐赠时互相攀比,使用各种手段扩大自己的影响力。他们的慷慨保证了国内和平,也同时施展了个人魅力。

但有时财富被认为会带来厄运,比如索伦·克尔凯郭尔(Sören

---

[1] Emile Zola, *L'argent, op. cit.*, pp. 68-69. 译文摘自左拉:《金钱》,金满城译,北京:人民文学出版社,1980年,第55页。

[2] *Ibid.*, p. 131. 译文摘自同上,第123页。

[3] 同上。

[4] John Ensor Harr et Peter J. Johnson, *The Rockefeller Century*, Charles Scribner's Sons, 1988, pp. 51-52, 引自Marc Abélès, *Les nouveaux riches, op. cit.*, p. 79.

[5] 保罗·韦纳(Paul Veyne)(*Le pain et le cirque*, Seuil, 1976)出过相关主题的参考书。

Kierkegaard）的父亲。这位可怜的羊倌生活在18世纪末丹麦的日德兰半岛上，在12岁时，他咒骂上帝让他的生命如此残酷。之后不久，他被做针织品生意的叔叔喊到哥本哈根，在那里做学徒。出人意料的是，他由此迅速积攒了大笔的财富，到四十岁的时候，就不再做生意了。但是因为犯下了忤逆造物主以及违背自己意愿的罪过，他看到了巧妙地伪装在成功背后的诅咒，还有不断加深的过错。[1]上帝通过给予他所有的好处来惩罚他。他将自己的这一罪过告诉了他的儿子（也就是克尔凯郭尔），他的儿子之后成为研究错误和焦虑的哲学家。再举一个更为人们熟知的例子，美国房地产巨头泽尔·克拉文斯基（Zell Kravinsky）靠1000美元起家，之后将近乎所有的财产捐给了医学研究机构，并把自己的一个肾脏捐给了一名穷苦的非洲裔美国人。在一次采访中，他甚至表达了想将另一个肾脏捐出的想法，如果这样可以拯救一条生命的话。这是一种近乎祭祀的极端道德主义——倾其所有，哪怕这会要了他的命。人们极力地鼓吹成功，进而又摧毁它，这样就走完了从积攒财富到一无所有的世俗路径。

因此，有些人清楚地意识到顺风顺水会带来不幸，幸福反倒成了灾难，将他们碾压。经济优势成为形而上学层面的厄运，以至于在黄金时代下，荷兰的富人区长时间以来都会有一个仇视金钱的教士。金牛犊与官方对金钱的非难，这两者的共存甚是奇怪。在1581年，政府颁布法令禁止银行家互相通气，他们被认为是江湖骗子，是会耍手腕的老手，和妓院老板没有两样。[2]难道这是古老清教徒式的反应，还是说预感到了比遭遇贫穷更可怕的风险——过多的财富

---

[1] 这个故事由Georges Gusdorf转述，引自*Kierkegaard*, Seghers, 1963, pp. 29-30。
[2] 参见Simon Schama, *L'embarras de richesses, op. cit.*, p. 442，这一法令直到1658年才被取缔。

带来的阻塞吗？马基雅维利曾写道："人们为苦难感到痛心，对舒适的生活感到厌烦。"欲望也抵不住过剩的凄凉，这有些骇人。强行填塞丰饶角[1]可能会导致窒息。金钱身上存在的某些东西可以摧毁它自身。因而有必要保护金钱免受它自身带来的伤害。除此之外，又该如何解释破产对证券投资者的诱惑力呢？最好莫过于摧毁一切，这样就可以全部从头开始，代价就是数以百万计公民的生活濒于崩溃。人们会在功成名就时走向毁灭，同样也会在破败中走向灭亡。财富要么带来福泽，要么让人悲痛。

把善良当作功勋

以前的金钱喜欢待在暗处，现在它则喜欢光亮，尤其想要展示自己的崇高。自此以后，美德也被公开。我们渴望财富，好像只是想把它变为慷慨大方的资本。庆幸吧，这个世界上还存在利他主义的冲动。让我们暂且忘却各式的陈词滥调，包括个人主义盛行时代下的冷漠无情以及消费主义的种种危害。互相帮助、表达善意的种种小举动促使人们在日常生活中有所帮衬，无须坐等国家的救助。如果没有这些的话，社会将难以维系。名人或是富人花上一点时间去帮助穷人，实在是再普通不过了，他们借此感谢财富赠予自己的诸多好处。即便是出于虚荣心才去做善事也总好过冷漠的自负。竞相比较谁更慷慨，好过于自私主义横行下的麻木不仁。一些企业成立基金会，投身到政府鞭长莫及的领域，积极和当地机构合作，修建水井，推广疫苗接种，抵抗艾滋病、疟疾以及一些罕见的疾病，

---

[1] 丰饶角，起源于古希腊神话，因装满果实和鲜花的形象一直被视为丰饶富裕的代表。——译注

种种举动都令人欣慰。市场不再是慈善的敌人，即便市场无法在各个方面都将慈善囊括在内。乔治·索罗斯（George Soros）是一名疯狂的商业投机者，甚至还曾想过摧毁英镑市场，却在十年间变为自由之友，并在中欧资助多个无政府组织，为此做出杰出贡献。这是贪婪中的狂妄，也是善举下的野心。不论他是出于悔恨、良心发现还是对原生环境的厌倦，动机并不重要。送礼的时候，意图比结果重要。而在慈善事业中，只有结果最要紧，而不是出发点。最明智的做法则是鼓励富人团结起来，而不是对他们加以指责和抨击。在小册子中用激烈的言辞诽谤攻击捐赠者，就是一场空洞、无意义的决斗。

在2010年，比尔·盖茨和沃尔伦·巴菲特发起了"捐赠誓言"活动，鼓励全世界的亿万富翁捐出自己的一半财产用于人道主义事业。这个跨越国界的慈善事业旨在促进公共卫生事业的发展，到2015年已经获得435亿美元的捐款（沃尔伦·巴菲特捐出了他99%的财产，当然剩下的1%对我们而言仍是个天文数字）。如此善举中必然存有虚荣心的因素，想要通过巨额数字给公众带来冲击。比尔·盖茨是一位慈善英雄，同时也秉持着谦虚的态度，他的所作所为堪称壮举，也使他成为公知里的杰出人物。又有谁可以和他一较高下呢？慈善家选择了自己的事业以及践行这项事业的方式，以便更好地进行管理。人道主义行动还需要大众传媒的轰动效应来帮衬，大力宣传自己取得的成果。这和犹太教与基督教主张的匿名捐赠截然不同。《新约》中如此讲道："你们要小心，不可将善事行在人的面前，故意叫他们看见。"（《马太福音》6:1）资助者和捐赠者会很自豪地看到用自己的名字来命名图书馆、医院、博物馆还有学校的建筑。

巴尔扎克说过："百万富翁的慷慨只可和他们在利益前的贪婪

相提并论。既然这只是他们一时的兴趣和爱好,那么金钱对克罗伊斯这样的富豪而言不值一提。事实上,随心所欲可比赚钱难得多。"[1]

娱乐圈的一些明星雇用经纪人来打理各项慈善活动,既能表现自己的高尚,还可以借此进行宣传。这是改变人气低迷的现状或是在较长的职业生涯中彰显个人品质剩余价值的绝妙方式。如今的明星是什么?是在球场上踢球、在舞台上唱歌或是拍电影的特蕾莎修女吗?这些人只想做成一件事:成为圣人,成为品德高尚的骑士,救助挨饿受冻的百姓,让人们对自己感恩戴德。每个组织都有自己的名角儿。顾虑外在形象的公众人物,像是中世纪的王子,他们应该起到榜样作用,鼓励"多发善心"(乔治·杜比[Georges Duby])。一心向善的光辉形象确保自身在社会上处于优势地位。慈善事业有三个阶段:第一个阶段以君主为主体,他向子民分发财富,就像是阳光普照众生[2];第二个阶段,一神教推崇以同情和公正的名义做慈善;第三个阶段则是新式慈善,也就是打着追求效率的旗号,按照跨国公司的模式对慷慨进行管理。目前我们已进入第三个阶段。

不过,这些举动虽然值得称赞,却也不能取代国家职能或是税收手段。即便是讲求奉献的人类学也无法取代行政部门或政府的辛勤劳动,他们要负责处理国家的各项琐碎事务。有哪个公民愿意捐钱修建下水道、修缮交通网、建设公共交通呢?这类工作没有一分钱的回报,是艰巨的,更是必要的。给予是特殊的情感、恶劣的外在环境和同胞间的默契共同作用下的结果。基于此,彼得·斯洛

---

[1] Honoré de Balzac, *Splendeurs et misères des courtisanes, op. cit.*, p. 172.
[2] 关于该主题参见Jean Starobinski, *Largesse, op. cit.*, p. 28。

特戴克（Peter Sloterdjk）建议恢复罗马时期分享财富的传统。[1]换言之，取消税收，以便更好地推进慈善事业，这个做法是振奋人心的，同时也极具争议。"愤怒的穷苦人本有两个世纪的时间来表明他们有能力改变整个世界。结果要么是毁灭性的，要么是矛盾的。'反建议'则是让富人去证明自己是否能够做得更好。"[2]

一心向善的道德风尚让人欣喜，即便这让我们想起了童年时期的教科书。的确得慎重考虑税收，还有它给想干出一番事业的人带来的重击。然而，要是就此提出废除税收的主张并非明智之举。税收使得我们变得消极被动，会让我们在为各类胡乱的名目交钱时感到不悦。慈善则相反，它是一种自愿性质的税收，人们可以自主决定交多少，还能了解这笔钱的具体用途，就像是纳税人很清楚他开给财政部的支票被拨给哪里。一个较为明智的税收改革不仅会考虑征税总额，还应准确把握税收的具体去向：应该让驾驶员了解桥梁，让乘客知晓铁路的造价，让病人清楚住院一天的费用明细以及磁共振成像的费用。这些都可以证明缴纳的税收没有打水漂，他们既是捐助者也是受益者。

事实上，慈善领域中的三大参与者，即新一代慈善家、传统的人道主义者以及公共机构，相互竞争又相辅相成。尽管他们相互指摘、猜忌，但保持三者间的联系至关重要，与此同时却也分清了轻重缓急。当下的慈善家自称社会活动家，选择了自己的事业及经营方式，这是因为他们想要和过去靠开舞会来开展慈善事业的贵妇区别开来。当我们从支票簿逻辑中跳脱出来，愿意到当地拜访，与本地人讲话，并建立友谊的时候，所有的一切都会发生改变。为了保

1　Peter Sloterdijk, *Repenser l'impôt*, Maren Sell, 2012, p. 278.
2　*Ibid*, pp. 239-240.

证高效，慈善要求承担其分内工作，即便在辩论和会晤中也要表现出自己的无私。得到人们拥护的前提是和他们打上交道。团结是个人的参与，或者说，它只是一个既慷慨又模糊的想法。

再补充一点，在美国，"公益创投"[1]将风险资本的专业方法引入到公益领域，这是出于对联邦制国家的不信任；然而，在法国，共和制国家视自己为社会团结的构建者，肩负保障社会和谐的重任（法国现有2000多家基金会）。公共权力的失败以及官僚主义对资本的浪费促成社会对会计的需求日益增多，这实则就是将资产负债表的教义引入到对捐赠的管理活动中（马克·阿贝莱斯［Marc Abélès］）[2]。将牟利与志愿活动相混淆，给予专家而不是执政者以特权，其实表明了我们在各自领域已经做到了最好，但仍要打赢这场与污染、苦难和疾病对抗的战役。资本的胜利让我们成为比政府机构更强有力的行动者。慈善新手还在一点一点地努力解决问题，带着企业家的勇气与胆识，要去攻占一片新市场。

"善良的宏伟牧歌"（左拉）

比尔·盖茨及其夫人梅琳达·盖茨（Melinda Gates）名下的资产有世界卫生组织的三倍之多，在贫困的政府面前，他们拥有强大的打击力量。这些"心急的乐观主义者"，相信可以凭借强大的意志力去摆脱厄运。他们一心想要打破游戏规则，尽管存在风险，比如说私人垄断的形成以及对全球卫生体系的染指。在某一程度上，这些慈善大佬和非政府组织一样，信奉自由主义教条，

---

[1] 原文为英文venture philanthropy。——译注
[2] 参见Marc Abélès, *Les nouveaux riches, op. cit.*, p. 35。

蔑视机关及政党。他们承载了我们对直接民主的最后幻想，打破行政的条条框框，设立新的国际组织，致力于处理紧急情况。由此会产生两种不同的制度体系：其一是官方慈善制度，来自国家或联合国的冷血怪物；其二则是充满激情的慈善，产自富豪的倡议。然而，慈善，也就是"锦上添花"（菲利普·埃热［Philipp Egger］）的意愿，绝不会取代真正的政治。除却受到官僚主义侵蚀的这一事实，基金会有时会被用来伪饰政治或宗教野心，披上慈善外衣，成为逃税洗钱的平台。在美国，基金会迟迟没有认可妇女以及少数群体的权利，就这样与具有历史意义的运动擦肩而过。[1]国家的所有苦难，尤其是饱受质疑的各类问题，都会在基金会上得到反映，即便它们声称已经走出了绝境。这还不算上拉拢人心带来的危险，这在古罗马时期已经发生了：王公贵族对平民阶层普施恩泽，以确保他们的忠诚，还分发酬劳，以获取支持。[2]孟德斯鸠也注意到这一现象："罗马帝国下最糟糕的国王就是布施得最多的那几个，卡利古拉（Caligula）、克洛德（Claude）、奥东（Othon）、维特里乌斯（Vitellius）、康莫得（Commode）、埃拉伽巴路斯（Héliogabale）、卡拉卡拉（Caracalla）。"[3]可与之抗衡的势力又是不可或缺的，他们怀揣着对民主的渴望，连同非政府组织一起为现代社会添砖加瓦，但不会取缔已有组织，而是作为一种补充存在。

如果说富人的未来取决于财富的合理分配，那么现在，慷慨继续为一时的头脑发热所掌控。即便他们表现出了征服世界的野心，想在世界各个角落发光发热，但实际上也只会向家乡或祖国慷慨解

---

1 参见Alexandre Lambelet, *La philanthropie*, Presses de Sciences Po, 2014, pp. 81-82。
2 参见Pierre Grimal, préface à Sénèque, *La vie heureuse, op.cit.*, p. 26。
3 参见Montesquieu, *De l'esprit des lois*, V, XVIII, Garnier-Flammarion, 1993。

囊。我们知道在报业内部存在着"感情间隔"的情况。在我们国家死1个人远比别国死1000个本国人更让本国人触动。前者是个悲剧，后者仅仅是个数字。同情心遵循距离远近的法则。新型慈善和人道主义行动都会遇到一个普遍现象，即"间歇性善良"。一方面，我们根据情况的严重与否做出判断，决定去帮助哪些受害者。一些灾难会攫取媒体的眼球，另一些则不值一提。时事效应之下，一些受害者与其他人相比更有卖点，至少暂时是这样，除非他们之后又被更为悲惨的人所替代。这不是由情况紧急与否决定的，更多取决于偏爱和喜好。慈善和人道主义的局限就在于只能从外部作为，挑选出需要帮助的人。历史告诉我们，人们永远无法摆脱危机和苦难。这就是摇摆不定的亲近法则，总是会有穷苦的人、挨饿的人、罹患疾病的人。与其他人相比，我们对这些人给予了更多关爱。被在意的往往是被挑选出来的或是让我们感动的人。慈善，和人道主义行动一样，都是在"点菜"。

最后，也有可能存在这样的情况：为自己的暴政披上羊皮来收拢人心，并在某种程度上成为他们痛苦的始作俑者。慈善机构的丑闻反映了捐赠者和受益者间的不对称关系，后者只能接受而不能做出回应。如果一定要找一个理由去推崇慈善机构的话，那就是在它身上我们实现了对权力的渴望，而非高尚灵魂的彰显。靠第三方的善意活着，这令人感到羞耻。一类慈善机构解放人们，另一类则贬低他们，放大他们的缺点。[1]一个以清除为目的，用行动摧毁自我；另一个则充满恻隐之心，同情自己和世界的苦难。第一类促使了人类家园国际组织的成立，这一组织由吉米·卡特

---

[1] 为反对不靠谱的慈善组织以及残酷的高利贷，属改革派的方济会修士自15世纪开始就在佩鲁贾和锡耶纳开设当铺，以合乎道义的方式帮助倒霉的人。在法国，泰奥夫拉斯特·勒诺多（Théophraste Renaudot）于1837年开办了第一家当铺。

（Jimmy Carter）和罗莎琳·卡特（Rosalynn Carter）发起，他们基于一种合作关系，获得目标人群的支持，帮助他们重新建造房子。这是以合约取代捐款。完全依托外界怜悯，在富人和其他人之间建立起的单向组织是很难存活下去的。慈善的目的在于消除这样的想象，除非它需要苦难来提供行善的机会。然而关系又发生了反转：不再是可怜的人乞求帮助，而是行善者寻找着悲剧，并借助悲剧来吹捧自己。一个个摇身变为贫穷的密友，而不是穷人的知己。行善者给予穷人的照顾令人痛苦，自己也落了个草率鲁莽的名声。这种关心的残忍之处在于它急切地希望弱者出现，进而拔高自己的形象。

忘记甚至是记恨帮助过的人也是一种自我牺牲。因为被别人予以帮助，就会欠对方一个人情。"我没有敌人，但也不会去帮助任何人。"儒勒·勒纳尔如是说。关于冷漠无情这个主题，让·雷诺阿（Jean Renoir）就拍摄过一部有趣的电影，名为《布杜落水遇救记》（*Boudu sauvé des eaux*，1932）。由米歇尔·西蒙（Michel Simon）扮演的一位流浪汉掉入塞纳河，被一名书商所救，但流浪汉却诋毁救人者，把书商的公寓搞得乌烟瘴气，甚至还在溜走之前勾引他的太太。亚里士多德就曾提到，施恩者要爱受恩者，因为后者也算是前者做慈善的证明，而且也让前者花费了时间和精力，然而受恩者往往会以一种消极的方式来看待施舍。"同样地，比如说，那些凭借一己之力挣钱的人认为自己的财富远比通过遗产馈赠获得的钱财更为高尚[1]。"由此，福利国家所推行的匿名捐赠彰显出自身优势，与来自某一个体的直接捐赠相比，这不会让人蒙羞，更不会欠任何人人情。借债人可能到最后会仇恨他的债主，受

---

[1] Aristote, *Ethique à Nicomaque, op. cit.,* livre IX, chapitre VII, p. 374 sqq.

益人可能并不会对施恩者表现出多大的感激之情（但是学徒就从来不会隐藏自己对师傅的亏欠之情）。慷慨的人从未期待从他们帮助的不幸的人身上获得任何回报：他们的奉献完全是为了获得自我满足。很多受难的个体或民族不愿被当作一个受害者，因为他们不想受到外界的同情怜悯。不要指望他们会说声谢谢。即便如此，我们还是会为他们提供帮助。昨日的悲惨之人终会重获自由，成为自己命运的主人，到那时他们将表达自己的感激之情，并在未来帮助新的受难者。

应该偿还债务吗？

玛蒂尔德是一位美貌的女子，但是嫁得不好，丈夫是政府部门里头的职员。她收到政府晚宴的邀约，为了显得自己有脸面，她便向好友借了一串看上去价值不菲的项链。她整夜张扬着自己的美丽，接受别人的欣赏与奉承，但是当她回到家时才发现自己弄丢了项链。她不敢告诉借给她项链的朋友，只能去买了一条一模一样的还给她，整个家庭为此背上了沉重的负债，她和丈夫过了十年的"艰苦日子"。后来，当她碰到那位"依旧年轻貌美的"朋友时，她吐露了真相。"唉。可怜的玛蒂尔德，"那位朋友回答道，"不过我那一串本是假的，顶多值五百法郎！"[1]莫泊桑的这篇小说告诉了我们一个重要道理：生活中，我们不能够在债务上出错。

1　Guy de Maupassant, *La parure* (1884), Livre de Poche, 1995.

狂欢与内疚是关于借钱的最本源的寓言。一些交易会导致借债人和债权人两败俱伤,就像是达那伊德斯姐妹之桶[1]。每个人都幻想着借东西不用归还,借钱不用偿还。

有了信用卡或是借记卡,就可以很开心地花钱,而不会产生负罪感。然而2008年的经济危机证明这样的系统已经到达极限,收入微薄的家庭还不起月供就得去睡大街。惩罚也接踵而来,在"债务人互诫协会"[2]的一些公开活动中,人们掰断这些将我们拖入贫困泥潭的可恶卡片。塑料切除(plastectomie)是用酸将种种不吉利的东西溶解,用碾压机将它们撕成碎片,用弓箭刺穿它们。[3]美国《破产法》第9章规定私营企业以及各州(比如说加利福尼亚州)若失去清偿能力,可免受债权人的影响,获得重组债务的时间。随之而来的便可能是长达数年的协商(可参考底特律和波多黎各的案例)。最为关键的是,要有能力从零开始[4],将失败视为通向成功的跳板,而不是最终结果。破产的权利和追求幸福与自由的权利一样重要。[5]

宗教教义有时会要求取消债务。《申命记》主张每

---

1 埃及王达那俄斯共有五十个女儿,除许珀耳涅斯特拉外,其余四十九人均奉父命在新婚之夜把丈夫杀死。后来许珀耳涅斯特拉的丈夫林叩斯把达那俄斯和他的四十九个女儿杀死了,为兄弟报仇。她们死后被罚永远在地狱中往一个无底的水槽里注水。(参见梁德润编著:《希腊罗马神话和〈圣经〉专名小词典》,北京:商务印书馆,2015年,第37—38页)达那伊德斯姐妹之桶,意指无底洞,永远在做徒劳无益的工作。
2 债务人互诫协会:成立于1970年,帮助因无担保债务使得自己和他人生活遭受痛苦的人,鼓励记账以及监管财政状况,以养成良好的消费习惯。——译注
3 参见David Wolman, *The End of Money, op. cit.*, p. 86。
4 参见Niall Ferguson, *L'irrésistible ascension de l'argent, op. cit.*, p. 64。
5 *Ibid.*, pp. 64-65.

五十年就清理一次债务，也就是大赦年，到这时每个人可以取回自己的财产，奴隶将获得自由，所有的债务将一笔勾销。纵观整个欧洲史，对借方来说，不管是王子还是国王，最关心的就是如何拖延还款日期，甚至想将债务一笔勾销，如果可以的话就归咎于不诚实的债权人。超额的负债可能会毁灭一个国家，让它处于附属地位，永远不得翻身，希腊和阿根廷就是实例。总有一天，有些国家会吃到苦头，包括那些最发达的国家。有人猜测，没有哪一个欧洲大国可以像美国一样还清每笔债务，因为这些国家借钱只是为了偿还利息。划掉赊账，从新的起点再出发，这最好不过了。

　　有人在看到为祖国战死沙场的战士时表现得冷血无情，这可能就是生活的常态，人们不可能在对先辈的感恩中度过到来的每一天，也不可能让自己止步不前。我们的后代在忘记过去还是保持过去的优势地位之间摇摆不定。比如说，欧洲背负着曾犯下的罪过，时刻提醒自己铭记历史，随之而来的是对传统的遗忘。在尼采之前，波舒哀就强调耶稣的悲剧性死亡是在为我们赎罪，这样的恩情我们永远都还不清。每日，耶稣因我们的斑斑劣迹被钉在十字架上，我们还要为此捶胸悲叹。[1]耶稣所受的苦难压在我们心上。上帝赐予我们一切，而我们无以为报。债务不同于生死，它不是因为需要偿还而存在，而是为了被承认与传承。我们每天早上要说的就是"谢谢"，感谢赠予我们的

---

1 Bossuet, *Sermon sur la passion de Notre-Seigneur*, in *Sermon sur la mort et autres sermons, op. cit.*, p. 152 sqq.

礼物。感谢上帝的恩宠,感谢给予我们生命。不欠债的那一刻也就是生命消亡的时候,当我们没有什么能够提供或归还给别人时,只能以死造福生者。

结　语

确诊的精神分裂症

对精神生活来说，适度的富裕就足够了。

——尼采

　　金钱的智慧在于将三种品德，即自由、安全、无忧无虑结合起来，并通过履行诚实、公正和分享这三个义务来取得平衡。金钱带来的乐趣不能与其承担的义务相分离。从物质必需品中解放出来只是满足了自由的众多条件之一，并未实现自由。躁动不安是金钱的问题所在。因此，金钱会不可避免地患上精神分裂症：它是不可或缺的流体，随时都可能化身为小恶魔，搅得我们不得安宁。金钱确是柏拉图式的药[1]，是毒药，也是

---

[1] 原文为pharmakon，在哲学和批评理论中，pharmakon有三层意思，分别为药剂、毒药和替罪羊，头两层意思具有药理学的意思。——译注

良药。

因此，金钱会引起不适。和它在一起时，我们一直都是"智慧为首"（《箴言》4:7）；或者说，金钱与智慧无关，除非是在特定情境中。谋求更高的工资是穷人的权利。之后，他是否会说"这够了"，取决于个人，只要他觉得这个"够"是真的"足够"。每个人在内心深处都得决定好自己要提防哪种危险的出现，是想要改变生活的轨迹还是改善生活，是把经济上的成功视作跳板，还是当作一个秘密。当金钱准允我们减少生命中唯利是图的那部分的时候，它也解放了我们。它搭建起一座桥梁，帮我们顺利度过无数的艰难时刻，它还在一个个叫作吝啬、小心眼、犯罪、屈辱、欺诈、贪婪、傲慢、嫉妒的深渊间筑造出一条小路，如同一张现代版的"爱情国"地图。

让金钱走下神坛，不爱它、不恨它，而只是理性地看待它，这才是明智之举。只要我们不因自己的过错，使金钱成为敌人，那么它就始终是我们的朋友。"贫穷会受到褒奖，富裕就是堕落"，不要被这种恼人的欺诈蒙蔽了双眼。美德和富有是可以兼具的。也存在跳脱金钱考量的生活，然而金钱考量从未阻碍艺术灵感的迸发或者高尚价值观的成熟发展。就金钱本身而言，它是个绝妙的发明，带来的好处也是显而易见的，并成为一项基本人权。金钱唯一的罪过就是分配不均和财富垄断，后者扼杀了资金的流动，而它本该是条汹涌的河流，是在流动中播种奇迹的流体物质。也就是说，金钱应该起灌溉作用，而非凝固作用。这就是富人要用闲钱去造福穷人的原因。教化金钱也就意味着使它为大众所有，把它当作一个可能会属于每个人的珍宝，到处分发。我们要同时为爱财和送礼，贪婪和慷慨，以及两个极端——滥用和节制正名。

最后再说两点：金钱是补偿，也是恩赐，我们不是金钱的所有者，只是享有金钱的用益物权[1]。财富是个任性的女神，对我们施以恩泽。好好享受吧，她可以随时随地把金钱从我们身边带走。到头来，金钱只能梦想着有一天被废除——我们数不过来有多少部作品宣告了金钱的末日，这是件好事。然而我们也得认识到金钱的愚蠢，看到不同于它数不清的优点的另外一面。和性欲一样，它也成了双面乌托邦中的客体。要么驯服它，要么冒着多重风险登上这条醉舟。不管是禁止还是准许：所有人都想掌控金钱并发家致富。因此，对一个国家或发达社会来说，把金钱当作一个美好的风险握在手中，无疑是有利的。不要对和解抱有期望，还是要接受这场无止境的战争带来的分裂。只要有金牛犊，我们将依旧是处在四分五裂的状态。它是美化世界的工具，同样也是将人引向堕落的工具。这是一个在憎恶与奇迹的双重意义中运转的乌托邦。

关键的是，骰子不断地被扔出去，昨日的输家说不定转身成了今日的赢家。在财富流通的过程中社会自身也在流通，以保证社会成员的积极性，并通过金融的流动性，来彰显自己所标榜的平等价值。社会阶层、知识分子及领导者出现又消失，就像地壳板块一样运动，拒绝处于静止状态。一切事物瞬息万变，这是金钱给我们的教训：它选择了我们，又悄悄溜走，满足一些人的欲望，随后又把他们抛弃，在毁灭与复兴中不断更迭。这也正是使徒马太想说的，他重拾斯多葛派的教义，建议我们保持虚心（《马太福音》5:3）。生命的馈赠来了又走，匆匆忙忙，就像游戏桌上的骰子，转啊转，有时对我们有利，有时让我们吃亏。财富只是生命的一个隐喻，如此美好又如此脆弱。赐予我们的一切也有可能被收回，但是不管怎样，我们都会怀有感激之心。这才是终极的智慧。

---

[1] 用益物权是指用益物权人对他人所有的不动产或者动产，依法享有占有、使用和收益的权利。——译注

新 知 文 库

01 《证据：历史上最具争议的法医学案例》[美] 科林·埃文斯 著　毕小青 译
02 《香料传奇：一部由诱惑衍生的历史》[澳] 杰克·特纳 著　周子平 译
03 《查理曼大帝的桌布：一部开胃的宴会史》[英] 尼科拉·弗莱彻 著　李响 译
04 《改变西方世界的 26 个字母》[英] 约翰·曼 著　江正文 译
05 《破解古埃及：一场激烈的智力竞争》[英] 莱斯利·罗伊·亚京斯 著　黄中宪 译
06 《狗智慧：它们在想什么》[加] 斯坦利·科伦 著　江天帆、马云霏 译
07 《狗故事：人类历史上狗的爪印》[加] 斯坦利·科伦 著　江天帆 译
08 《血液的故事》[美] 比尔·海斯 著　郎可华 译　张铁梅 校
09 《君主制的历史》[美] 布伦达·拉尔夫·刘易斯 著　荣予、方力维 译
10 《人类基因的历史地图》[美] 史蒂夫·奥尔森 著　霍达文 译
11 《隐疾：名人与人格障碍》[德] 博尔温·班德洛 著　麦湛雄 译
12 《逼近的瘟疫》[美] 劳里·加勒特 著　杨岐鸣、杨宁 译
13 《颜色的故事》[英] 维多利亚·芬利 著　姚芸竹 译
14 《我不是杀人犯》[法] 弗雷德里克·肖索依 著　孟晖 译
15 《说谎：揭穿商业、政治与婚姻中的骗局》[美] 保罗·埃克曼 著　邓伯宸 译　徐国强 校
16 《蛛丝马迹：犯罪现场专家讲述的故事》[美] 康妮·弗莱彻 著　毕小青 译
17 《战争的果实：军事冲突如何加速科技创新》[美] 迈克尔·怀特 著　卢欣渝 译
18 《最早发现北美洲的中国移民》[加] 保罗·夏亚松 著　暴永宁 译
19 《私密的神话：梦之解析》[英] 安东尼·史蒂文斯 著　薛绚 译
20 《生物武器：从国家赞助的研制计划到当代生物恐怖活动》[美] 珍妮·吉耶曼 著　周子平 译
21 《疯狂实验史》[瑞士] 雷托·U. 施奈德 著　许阳 译
22 《智商测试：一段闪光的历史，一个失色的点子》[美] 斯蒂芬·默多克 著　卢欣渝 译
23 《第三帝国的艺术博物馆：希特勒与"林茨特别任务"》[德] 哈恩斯－克里斯蒂安·罗尔 著　孙书柱、刘英兰 译
24 《茶：嗜好、开拓与帝国》[英] 罗伊·莫克塞姆 著　毕小青 译
25 《路西法效应：好人是如何变成恶魔的》[美] 菲利普·津巴多 著　孙佩妏、陈雅馨 译
26 《阿司匹林传奇》[英] 迪尔米德·杰弗里斯 著　暴永宁、王惠 译

27 《美味欺诈：食品造假与打假的历史》[英]比·威尔逊 著　周继岚 译

28 《英国人的言行潜规则》[英]凯特·福克斯 著　姚芸竹 译

29 《战争的文化》[以]马丁·范克勒韦尔德 著　李阳 译

30 《大背叛：科学中的欺诈》[美]霍勒斯·弗里兰·贾德森 著　张铁梅、徐国强 译

31 《多重宇宙：一个世界太少了？》[德]托比阿斯·胡阿特、马克斯·劳讷 著　车云 译

32 《现代医学的偶然发现》[美]默顿·迈耶斯 著　周子平 译

33 《咖啡机中的间谍：个人隐私的终结》[英]吉隆·奥哈拉、奈杰尔·沙德博尔特 著　毕小青 译

34 《洞穴奇案》[美]彼得·萨伯 著　陈福勇、张世泰 译

35 《权力的餐桌：从古希腊宴会到爱丽舍宫》[法]让－马克·阿尔贝 著　刘可有、刘惠杰 译

36 《致命元素：毒药的历史》[英]约翰·埃姆斯利 著　毕小青 译

37 《神祇、陵墓与学者：考古学传奇》[德]C. W. 策拉姆 著　张芸、孟薇 译

38 《谋杀手段：用刑侦科学破解致命罪案》[德]马克·贝内克 著　李响 译

39 《为什么不杀光？种族大屠杀的反思》[美]丹尼尔·希罗、克拉克·麦考利 著　薛绚 译

40 《伊索尔德的魔汤：春药的文化史》[德]克劳迪娅·米勒－埃贝林、克里斯蒂安·拉奇 著　王泰智、沈惠珠 译

41 《错引耶稣：〈圣经〉传抄、更改的内幕》[美]巴特·埃尔曼 著　黄恩邻 译

42 《百变小红帽：一则童话中的性、道德及演变》[美]凯瑟琳·奥兰丝汀 著　杨淑智 译

43 《穆斯林发现欧洲：天下大国的视野转换》[英]伯纳德·刘易斯 著　李中文 译

44 《烟火撩人：香烟的历史》[法]迪迪埃·努里松 著　陈睿、李欣 译

45 《菜单中的秘密：爱丽舍宫的飨宴》[日]西川惠 著　尤可欣 译

46 《气候创造历史》[瑞士]许靖华 著　甘锡安 译

47 《特权：哈佛与统治阶层的教育》[美]罗斯·格雷戈里·多塞特 著　珍栎 译

48 《死亡晚餐派对：真实医学探案故事集》[美]乔纳森·埃德罗 著　江孟蓉 译

49 《重返人类演化现场》[美]奇普·沃尔特 著　蔡承志 译

50 《破窗效应：失序世界的关键影响力》[美]乔治·凯林、凯瑟琳·科尔斯 著　陈智文 译

51 《违童之愿：冷战时期美国儿童医学实验秘史》[美]艾伦·M. 霍恩布鲁姆、朱迪斯·L. 纽曼、格雷戈里·J. 多贝尔 著　丁立松 译

52 《活着有多久：关于死亡的科学和哲学》[加]理查德·贝利沃、丹尼斯·金格拉斯 著　白紫阳 译

53 《疯狂实验史Ⅱ》[瑞士]雷托·U. 施奈德 著　郭鑫、姚敏多 译

54 《猿形毕露：从猩猩看人类的权力、暴力、爱与性》[美]弗朗斯·德瓦尔 著　陈信宏 译

55 《正常的另一面：美貌、信任与养育的生物学》[美]乔丹·斯莫勒 著　郑嬿 译

56	《奇妙的尘埃》[美]汉娜·霍姆斯 著　陈芝仪 译
57	《卡路里与束身衣：跨越两千年的节食史》[英]路易丝·福克斯克罗夫特 著　王以勤 译
58	《哈希的故事：世界上最具暴利的毒品业内幕》[英]温斯利·克拉克森 著　珍栎 译
59	《黑色盛宴：嗜血动物的奇异生活》[美]比尔·舒特 著　帕特里曼·J.温 绘图　赵越 译
60	《城市的故事》[美]约翰·里德 著　郝笑丛 译
61	《树荫的温柔：亘古人类激情之源》[法]阿兰·科尔班 著　苜蓿 译
62	《水果猎人：关于自然、冒险、商业与痴迷的故事》[加]亚当·李斯·格尔纳 著　于是 译
63	《囚徒、情人与间谍：古今隐形墨水的故事》[美]克里斯蒂·马克拉奇斯 著　张哲、师小涵 译
64	《欧洲王室另类史》[美]迈克尔·法夸尔 著　康怡 译
65	《致命药瘾：让人沉迷的食品和药物》[美]辛西娅·库恩等 著　林慧珍、关莹 译
66	《拉丁文帝国》[法]弗朗索瓦·瓦克 著　陈绮文 译
67	《欲望之石：权力、谎言与爱情交织的钻石梦》[美]汤姆·佐尔纳 著　麦慧芬 译
68	《女人的起源》[英]伊莲·摩根 著　刘筠 译
69	《蒙娜丽莎传奇：新发现破解终极谜团》[美]让–皮埃尔·伊斯鲍茨、克里斯托弗·希斯·布朗 著　陈薇薇 译
70	《无人读过的书：哥白尼〈天体运行论〉追寻记》[美]欧文·金格里奇 著　王今、徐国强 译
71	《人类时代：被我们改变的世界》[美]黛安娜·阿克曼 著　伍秋玉、澄影、王丹 译
72	《大气：万物的起源》[英]加布里埃尔·沃克 著　蔡承志 译
73	《碳时代：文明与毁灭》[美]埃里克·罗斯顿 著　吴妍仪 译
74	《一念之差：关于风险的故事与数字》[英]迈克尔·布拉斯兰德、戴维·施皮格哈尔特 著　威治 译
75	《脂肪：文化与物质性》[美]克里斯托弗·E.福思、艾莉森·利奇 编著　李黎、丁立松 译
76	《笑的科学：解开笑与幽默感背后的大脑谜团》[美]斯科特·威姆斯 著　刘书维 译
77	《黑丝路：从里海到伦敦的石油溯源之旅》[英]詹姆斯·马里奥特、米卡·米尼奥–帕卢埃洛 著　黄煜文 译
78	《通向世界尽头：跨西伯利亚大铁路的故事》[英]克里斯蒂安·沃尔玛 著　李阳 译
79	《生命的关键决定：从医生做主到患者赋权》[美]彼得·于贝尔 著　张琼懿 译
80	《艺术侦探：找寻失踪艺术瑰宝的故事》[英]菲利普·莫尔德 著　李欣 译
81	《共病时代：动物疾病与人类健康的惊人联系》[美]芭芭拉·纳特森–霍洛威茨、凯瑟琳·鲍尔斯 著　陈筱婉 译
82	《巴黎浪漫吗？——关于法国人的传闻与真相》[英]皮乌·玛丽·伊特韦尔 著　李阳 译

83　《时尚与恋物主义：紧身褡、束腰术及其他体形塑造法》[美]戴维·孔兹 著　珍栎 译

84　《上穷碧落：热气球的故事》[英]理查德·霍姆斯 著　暴永宁 译

85　《贵族：历史与传承》[法]埃里克·芒雄－里高 著　彭禄娴 译

86　《纸影寻踪：旷世发明的传奇之旅》[英]亚历山大·门罗 著　史先涛 译

87　《吃的大冒险：烹饪猎人笔记》[美]罗布·沃乐什 著　薛绚 译

88　《南极洲：一片神秘的大陆》[英]加布里埃尔·沃克 著　蒋功艳、岳玉庆 译

89　《民间传说与日本人的心灵》[日]河合隼雄 著　范作申 译

90　《象牙维京人：刘易斯棋中的北欧历史与神话》[美]南希·玛丽·布朗 著　赵越 译

91　《食物的心机：过敏的历史》[英]马修·史密斯 著　伊玉岩 译

92　《当世界又老又穷：全球老龄化大冲击》[美]泰德·菲什曼 著　黄煜文 译

93　《神话与日本人的心灵》[日]河合隼雄 著　王华 译

94　《度量世界：探索绝对度量衡体系的历史》[美]罗伯特·P. 克里斯 著　卢欣渝 译

95　《绿色宝藏：英国皇家植物园史话》[英]凯茜·威利斯、卡罗琳·弗里 著　珍栎 译

96　《牛顿与伪币制造者：科学巨匠鲜为人知的侦探生涯》[美]托马斯·利文森 著　周子平 译

97　《音乐如何可能？》[法]弗朗西斯·沃尔夫 著　白紫阳 译

98　《改变世界的七种花》[英]詹妮弗·波特 著　赵丽洁、刘佳 译

99　《伦敦的崛起：五个人重塑一座城》[英]利奥·霍利斯 著　宋美莹 译

100　《来自中国的礼物：大熊猫与人类相遇的一百年》[英]亨利·尼科尔斯 著　黄建强 译

101　《筷子：饮食与文化》[美]王晴佳 著　汪精玲 译

102　《天生恶魔？：纽伦堡审判与罗夏墨迹测验》[美]乔尔·迪姆斯代尔 著　史先涛 译

103　《告别伊甸园：多偶制怎样改变了我们的生活》[美]戴维·巴拉什 著　吴宝沛 译

104　《第一口：饮食习惯的真相》[英]比·威尔逊 著　唐海娇 译

105　《蜂房：微生物的消失与免疫系统的永恒之战》[英]比·威尔逊 著　暴永宁 译

106　《过敏大流行：微生物的消失与免疫系统的永恒之战》[美]莫伊塞斯·贝拉斯克斯－曼诺夫 著　李黎、丁立松 译

107　《饭局的起源：我们为什么喜欢分享食物》[英]马丁·琼斯 著　陈雪香 译　方辉 审校

108　《金钱的智慧》[法]帕斯卡尔·布吕克内 著　张叶、陈雪乔 译　张新木 校